世界遺産シリーズ

世界遺産ガイド

―仏教関連遺産編―

世界遺産ガイド－仏教関連遺産編－

【 目　次 】

■ユネスコ世界遺産の概要　5〜45

　　□ユネスコとは　6
　　□世界遺産とは　6
　　□ユネスコ世界遺産が準拠する国際条約　6
　　□世界遺産条約の成立の経緯とその後の展開　7
　　□世界遺産条約の理念と目的　8
　　□世界遺産条約の主要規定　8
　　□世界遺産条約の事務局と役割　9
　　□世界遺産条約の締約国（193の国と地域）と
　　　世界遺産の数（167の国と地域1092物件）　9-15
　　□世界遺産条約締約国総会の開催歴　15
　　□世界遺産委員会　15
　　□世界遺産委員会委員国　16
　　□世界遺産委員会の開催歴　18
　　□世界遺産の種類　19
　　□ユネスコ世界遺産の登録要件　21
　　□ユネスコ世界遺産の登録基準　21
　　□ユネスコ世界遺産に登録されるまでの手順　22
　　□世界遺産暫定リスト　22
　　□危機にさらされている世界遺産（★【危機遺産】　54物件）　23
　　□危機にさらされている世界遺産リストへの登録基準　23
　　□監視強化メカニズム　24
　　□世界遺産リストからの登録抹消　24
　　□世界遺産基金　25
　　□ユネスコ文化遺産保存日本信託基金　26
　　□日本の世界遺産条約の締結とその後の世界遺産登録　27
　　□日本のユネスコ世界遺産　30
　　□日本の世界遺産暫定リスト記載物件　31
　　□ユネスコ世界遺産の今後の課題　31
　　□ユネスコ世界遺産を通じての総合学習　32
　　□今後の世界遺産委員会等の開催スケジュール　33
　　□世界遺産条約の将来　33

　□世界遺産、世界無形文化遺産、世界の記憶の違い　46

■仏教関連遺産　概説　47〜49

　　□仏教関連遺産の概況　48〜49

■仏教関連の世界遺産　51〜135

　　□バーミヤン盆地の文化的景観と考古学遺跡（アフガニスタン）　52〜53
　　□釈迦生誕地ルンビニー（ネパール）　54〜55
　　□カトマンズ渓谷（ネパール）　56〜57
　　□アジャンター石窟群（インド）　58〜59
　　□エローラ石窟群（インド）　60〜61

世界遺産ガイド－仏教関連遺産編－

- □サーンチーの仏教遺跡（インド）　62～63
- □ビハール州ナーランダにあるナーランダ・マハーヴィハーラ（ナーランダ大学）の考古学遺跡（インド）64～65
- □ブッダ・ガヤのマハボディ寺院の建造物群（インド）　66～67
- □パハルプールの仏教寺院遺跡（バングラデシュ）　68～69
- □タキシラ（パキスタン）　70～71
- □タクティ・バヒーの仏教遺跡と近隣のサハリ・バハロルの都市遺跡（パキスタン）　72～73
- □古代都市ポロンナルワ（スリランカ）74～75
- □ダンブッラの黄金寺院（スリランカ）76～77
- □ボロブドール寺院遺跡群（インドネシア）78～79
- □古都スコータイと周辺の歴史地区(タイ)　80～81
- □アユタヤの歴史都市（タイ）　82～83
- □アンコール（カンボジア）84～85
- □ピュー王朝の古代都市群（カンボジア）86～87
- □ルアン・プラバンの町（ラオス）　88～89
- □シルクロード：長安・天山回廊の道路網（キルギス・中国・カザフスタン）90～91
- □莫高窟(中国)　92～93
- □ラサのポタラ宮の歴史的遺産群(中国)　94～95
- □廬山国立公園(中国)　96～97
- □楽山大仏風景名勝区を含む峨眉山風景名勝区(中国)　98～99
- □大足石刻(中国)　100～101
- □龍門石窟(中国)　102～103
- □雲崗石窟(中国)　104～105
- □五台山(中国)　106～107
- □「天地の中心」にある登封の史跡群(中国)　108～109
- □杭州西湖の文化的景観(中国)　110～111
- □八萬大蔵経のある伽倻山海印寺(韓国)　112～113
- □石窟庵と仏国寺（韓国）　114～115
- □慶州の歴史地域（韓国）　116～117
- □百済の歴史地区群（韓国）　118～119
- □山寺（サンサ）、韓国の仏教山岳寺院群（韓国）　120～121
- □法隆寺地域の仏教建造物（日本）　122～123
- □古都京都の文化財（京都市　宇治市　大津市）（日本）　124～125
- □古都奈良の文化財（日本）　126～127
- □日光の社寺（日本）　128～129
- □紀伊山地の霊場と参詣道（日本）　130～131
- □平泉―仏国土(浄土)を表す建築・庭園及び考古学的遺跡群―（日本）　132～133

- □黄金に輝く神秘の国・ミャンマー取材記　134
- □世界遺産を取り巻く脅威や危険　135

■索　引　137～139

【表紙と裏表紙の写真】

（表）❶ ❷ ❸ ❹ ❺ ❻　（裏）❼

- ❶雲崗石窟（中国）
- ❷釈迦生誕地ルンビニー（ネパール）
- ❸ボロブドール寺院遺跡群（インドネシア）
- ❹アンコール（カンボジア）
- ❺山寺（サンサ）、韓国の仏教山岳寺院群（韓国）
- ❻平泉―仏国土(浄土)を表す建築・庭園及び考古学的遺跡群（日本）
- ❼シルクロード：長安・天山回廊の道路網（中国・カザフスタン・キルギス）

シンクタンクせとうち総合研究機構

※世界遺産の登録基準

(ⅰ) 人類の創造的天才の傑作を表現するもの。　→人類の創造的天才の傑作

(ⅱ) ある期間を通じて、または、ある文化圏において、建築、技術、記念碑的芸術、町並み計画、景観デザインの発展に関し、人類の価値の重要な交流を示すもの。　→人類の価値の重要な交流を示すもの

(ⅲ) 現存する、または、消滅した文化的伝統、または、文明の、唯一の、または、少なくとも稀な証拠となるもの。
　→**文化的伝統、文明の稀な証拠**

(ⅳ) 人類の歴史上重要な時代を例証する、ある形式の建造物、建築物群、技術の集積、または、景観の顕著な例。
　→**歴史上、重要な時代を例証する優れた例**

(ⅴ) 特に、回復困難な変化の影響下で損傷されやすい状態にある場合における、ある文化(または、複数の文化)或は、環境と人間との相互作用を代表する伝統的集落、または、土地利用の顕著な例。
　→**存続が危ぶまれている伝統的集落、土地利用の際立つ例**

(ⅵ) 顕著な普遍的な意義を有する出来事、現存する伝統、思想、信仰、または、芸術的、文学的作品と、直接に、または、明白に関連するもの。　→**普遍的出来事、伝統、思想、信仰、芸術、文学的作品と関連するもの**

(ⅶ) もっともすばらしい自然の現象、または、ひときわすぐれた自然美をもつ地域、及び、美的な重要性を含むもの。　→**自然景観**

(ⅷ) 地球の歴史上の主要な段階を示す顕著な見本であるもの。これには、生物の記録、地形の発達における重要な地学的進行過程、或は、重要な地形的、または、自然地理的特性などが含まれる。
　→**地形・地質**

(ⅸ) 陸上、淡水、沿岸、及び、海洋生態系と動植物群集の進化と発達において、進行しつつある重要な生態学的、生物学的プロセスを示す顕著な見本であるもの。　→**生態系**

(ⅹ) 生物多様性の本来の保全にとって、もっとも重要かつ意義深い自然生息地を含んでいるもの。これには、科学上、または、保全上の観点から、すぐれて普遍的価値をもつ絶滅の恐れのある種が存在するものを含む。
　→**生物多様性**

ユネスコ世界遺産の概要

第42回世界遺産委員会マナーマ（バーレン）会議2018
リッツ・カールトン・ホテルの敷地内に設営されたユネスコ村での会議の様子
写真：古田陽久

1 ユネスコとは

ユネスコ(UNESCO=United Nations Educational, Scientific and Cultural Organization)は、国連の教育、科学、文化分野の専門機関。人類の知的、倫理的連帯感の上に築かれた恒久平和を実現するために1946年11月4日に設立された。その活動領域は、教育、自然科学、人文・社会科学、文化、それに、コミュニケーション・情報。ユネスコ加盟国は、現在195か国、準加盟地域10。ユネスコ本部はフランスのパリにあり、世界各地に55か所の地域事務所がある。2016-2017年度通常予算(2年分)667百万米ドル。主要国分担率は、米国(22%：未払い)、日本(9.679%)、中国(7.920%)、ドイツ(6.389%)、フランス(4.859%)。事務局長は、オードレイ・アズレー氏＊(Audrey Azoulay フランス前文化通信大臣)。

＊1972年パリ生まれ、パリ政治学院、フランス国立行政学院(ENA)、パリ大学で学ぶ。フランス国立映画センター(CNC)、大統領官邸文化広報顧問等重要な役職を務め、フランスの国際放送の立ち上げや公共放送の改革などに取り組みなど文化行政にかかわり、文化通信大臣を務める。2017年3月のイタリアのフィレンツェでの第1回G7文化大臣会合での文化遺産保護(特に武力紛争下における保護)の重要性など「国民間の対話の手段としての文化」に関する会合における「共同宣言」への署名などに主要な役割を果たし、2017年11月、イリーナ・ボコヴァ氏に続く女性としては二人目、フランス出身のユネスコ事務局長は1962～1974年まで務めたマウ氏に続いて2人目のユネスコ事務局長に就任。

```
＜ユネスコの歴代事務局長＞        出身国       在任期間
 1. ジュリアン・ハクスリー        イギリス      1946年12月～1948年12月
 2. ハイメ・トレス・ボデー        メキシコ      1948年12月～1952年12月
 (代理) ジョン・W・テイラー      アメリカ      1952年12月～1953年 7月
 3. ルーサー・H・エバンス         アメリカ      1953年 7月～1958年12月
 4. ヴィットリーノ・ヴェロネーゼ   イタリア      1958年12月～1961年11月
 5. ルネ・マウ                    フランス      1961年11月～1974年11月
 6. アマドゥ・マハタール・ムボウ   セネガル      1974年11月～1987年11月
 7. フェデリコ・マヨール           スペイン      1987年11月～1999年11月
 8. 松浦晃一郎                    日本          1999年11月～2009年11月
 9. イリーナ・ボコヴァ             ブルガリア    2009年11月～2017年11月
10. オードレイ・アズレー           フランス      2017年11月～現在
```

ユネスコの事務局長選挙は、58か国で構成する執行委員会が実施し、過半数である30か国の支持を得た候補者が当選する。投票は当選者が出るまで連日行われ、決着がつかない場合は上位2人が決選投票で勝敗を決める。
ユネスコ総会での信任投票を経て、就任する。任期は4年。

2 世界遺産とは

世界遺産(World Heritage)とは、世界遺産条約に基づきユネスコの世界遺産リストに登録されている世界的に「顕著な普遍的価値」(Outstanding Universal Value)を有する遺跡、建造物群、モニュメントなどの文化遺産、それに、自然景観、地形・地質、生態系、生物多様性などの自然遺産など国家や民族を超えて未来世代に引き継いでいくべき人類共通のかけがえのない自然と文化の遺産をいう。

3 ユネスコ世界遺産が準拠する国際条約

世界の文化遺産及び自然遺産の保護に関する条約（通称：**世界遺産条約**）
(Convention for the Protection of the World Cultural and Natural Heritage)
　　＜1972年11月開催の第17回ユネスコ総会で採択＞

＊ユネスコの世界遺産に関する基本的な考え方は、世界遺産条約にすべて反映されているが、この世界遺産条約を円滑に履行していくためのガイドライン(Operational Guidelines for the Implementation of the World Heritage Convention)を設け、その中で世界遺産リストの登録基準、或は、危機にさらされている世界遺産リストの登録基準や世界遺産基金の運用などについて細かく定めている。

④ 世界遺産条約の成立の経緯とその後の展開

1872年	アメリカ合衆国が、世界で最初の国立公園法を制定。イエローストーンが世界最初の国立公園になる。
1948年	IUCN（国際自然保護連合）が発足。
1954年	ハーグで「軍事紛争における文化財の保護のための条約」を採択。
1959年	アスワン・ハイ・ダムの建設（1970年完成）でナセル湖に水没する危機にさらされたエジプトのヌビア遺跡群の救済を目的としたユネスコの国際的キャンペーン。文化遺産保護に関する条約の草案づくりを開始。
〃	ICCROM（文化財保存修復研究国際センター）が発足。
1962年	IUCN第1回世界公園会議、アメリカのシアトルで開催、「国連保護地域リスト」（United Nations List of Protected Areas）の整備。
1960年代半ば	アメリカ合衆国や国連環境会議などを中心にした自然遺産保護に関する条約の模索と検討。
1964年	ヴェネツィア憲章採択。
1965年	ICOMOS（国際記念物遺跡会議）が発足。
1965年	米国ホワイトハウス国際協力市民会議「世界遺産トラスト」（World Heritage Trust）の提案。
1966年	スイス・ルッツェルンでの第9回IUCN・国際自然保護連合の総会において、世界的な価値のある自然地域の保護のための基金の創設について議論。
1967年	アムステルダムで開催された国際会議で、アメリカ合衆国が自然遺産と文化遺産を総合的に保全するための「世界遺産トラスト」を設立することを提唱。
1970年	「文化財の不正な輸入、輸出、および所有権の移転を禁止、防止する手段に関する条約」を採択。
1971年	ニクソン大統領、1972年のイエローストーン国立公園100周年を記念し、「世界遺産トラスト」を提案（ニクソン政権に関するメッセージ）、この後、IUCN（国際自然保護連合）とユネスコが世界遺産の概念を具体化するべく世界遺産条約の草案を作成。
〃	ユネスコとICOMOS（国際記念物遺跡会議）による「普遍的価値を持つ記念物、建造物群、遺跡の保護に関する条約案」提示。
1972年	ユネスコはアメリカの提案を受けて、自然・文化の両遺産を統合するための専門家会議を開催、これを受けて両草案はひとつにまとめられた。
〃	ストックホルムで開催された国連人間環境会議で条約の草案報告。
〃	パリで開催された第17回ユネスコ総会において採択。
1975年	世界の文化遺産及び自然遺産の保護に関する条約発効。
1977年	第1回世界遺産委員会がパリにて開催される。
1978年	第2回世界遺産委員会がワシントンにて開催される。イエローストーン、メサ・ヴェルデ、ナハニ国立公園、ランゾーメドーズ国立歴史公園、ガラパゴス諸島、キト、アーヘン大聖堂、ヴィエリチカ塩坑、クラクフの歴史地区、シミエン国立公園、ラリベラの岩の教会、ゴレ島の12物件が初の世界遺産として登録される。（自然遺産4　文化遺産8）
1989年	日本政府、日本信託基金をユネスコに設置。
1992年	ユネスコ事務局長、ユネスコ世界遺産センターを設立。
1996年	IUCN第1回世界自然保護会議、カナダのモントリオールで開催。
2000年	ケアンズ・デシジョンを採択。
2002年	国連文化遺産年。
〃	ブダペスト宣言採択。
〃	世界遺産条約採択30周年。
2004年	蘇州デシジョンを採択。
2006年	無形遺産の保護に関する条約が発効。

〃	ユネスコ創設60周年。
2007年	文化的表現の多様性の保護および促進に関する条約が発効。
2009年	水中文化遺産保護に関する条約が発効。
2011年	第18回世界遺産条約締約国総会で「世界遺産条約履行の為の戦略的行動計画2012〜2022」を決議。
2012年	世界遺産条約採択40周年記念行事 　　メイン・テーマ「世界遺産と持続可能な発展：地域社会の役割」
2015年	平和の大切さを再認識する為の「世界遺産に関するボン宣言」を採択。
2016年10月24〜26日	第40回世界遺産委員会イスタンブール会議は、不測の事態で3日間中断、未審議となっていた登録範囲の拡大など境界変更の申請、オペレーショナル・ガイドラインズの改訂など懸案事項の審議を、パリのユネスコ本部で再開。
2017年	世界遺産条約締約国数　193か国（8月現在）
2017年10月5〜6日	ドイツのハンザ都市リューベックで第3回ヨーロッパ世界遺産協会の会議。
2018年9月10日	「モスル精神の復活：モスル市の復興の為の国際会議」をユネスコ本部で開催。
2020年6月〜7月	第44回世界遺産委員会から、新登録に関わる登録推薦件数は1国1件、審査件数の上限は35になる。
2022年	世界遺産条約採択50周年
2030年	持続可能な開発目標（SDGs）17ゴール

⑤ 世界遺産条約の理念と目的

「顕著な普遍的価値」（Outstanding Universal Value）を有する自然遺産および文化遺産を人類全体のための世界遺産として、破壊、損傷等の脅威から保護・保存することが重要であるとの観点から、国際的な協力および援助の体制を確立することを目的としている。

⑥ 世界遺産条約の主要規定

- 保護の対象は、遺跡、建造物群、記念工作物、自然の地域等で普遍的価値を有するもの（第1〜3条）。
- 締約国は、自国内に存在する遺産を保護する義務を認識し、最善を尽くす（第4条）。また、自国内に存在する遺産については、保護に協力することが国際社会全体の義務であることを認識する（第6条）。
- 「世界遺産委員会」（委員国は締約国から選出）の設置（第8条）。「世界遺産委員会」は、各締約国が推薦する候補物件を審査し、その結果に基づいて「世界遺産リスト」、また、大規模災害、武力紛争、各種開発事業、それに、自然環境の悪化などの事由で、極度の危機にさらされ緊急の救済措置が必要とされる物件は「危機にさらされている世界遺産リスト」を作成する。（第11条）
- 締約国からの要請に基づき、「世界遺産リスト」に登録された物件の保護のための国際的援助の供与を決定する。同委員会の決定は、出席しかつ投票する委員国の2／3以上の多数による議決で行う（第13条）。
- 締約国の分担金（ユネスコ分担金の1％を超えない額）、および任意拠出金、その他の寄付金等を財源とする、「世界遺産」のための「世界遺産基金」を設立（第15条、第16条）。
- 「世界遺産委員会」が供与する国際的援助は、調査・研究、専門家派遣、研修、機材供与、資金協力等の形をとる（第22条）。
- 締約国は、自国民が「世界遺産」を評価し尊重することを強化するための教育・広報活動に努める（第27条）。

7 世界遺産条約の事務局と役割

ユネスコ世界遺産センター（UNESCO World Heritage Centre）
　　所長：メヒティルト・ロスラー氏（Dr. Mechtild Rössler　2015年9月～
　　　　（専門分野　文化・自然遺産、計画史、文化地理学、地球科学など
　　　　1991年からユネスコに奉職、1992年からユネスコ世界遺産センター、
　　　　2003年から副所長を経て現職、文化局・文化遺産部長兼務　ドイツ出身）
7 place de Fontenoy　75352 Paris 07 SP　France　℡33-1-45681889　Fax 33-1-45685570
電子メール：wh-info@unesco.org　インターネット：http://www.unesco.org/whc

　ユネスコ世界遺産センターは1992年にユネスコ事務局長によって設立され、ユネスコの組織では、現在、文化セクターに属している。スタッフ数、組織、主な役割と仕事は、次の通り。

＜スタッフ数＞　約60名

＜組織＞
　自然遺産課、政策、法制整備課、促進・広報・教育課、アフリカ課、アラブ諸国課、
　アジア・太平洋課、ヨーロッパ課、ラテンアメリカ・カリブ課、世界遺産センター事務部

＜主な役割と仕事＞
● 世界遺産ビューロー会議と世界遺産委員会の運営
● 締結国に世界遺産を推薦する準備のためのアドバイス
● 技術的な支援の管理
● 危機にさらされた世界遺産への緊急支援
● 世界遺産基金の運営
● 技術セミナーやワークショップの開催
● 世界遺産リストやデータベースの作成
● 世界遺産の理念を広報するための教育教材の開発。

＜ユネスコ世界遺産センターの歴代所長＞

	出身国	在任期間
● バーン・フォン・ドロステ（Bernd von Droste）	ドイツ	1992年～1999年
● ムニール・ブシュナキ（Mounir Bouchenaki）	アルジェリア	1999年～2000年
● フランチェスコ・バンダリン（Francesco Bandarin）	イタリア	2000年9月～2010年
● キショール・ラオ（Kishore Rao）	インド	2011年3月～2015年8月
● メヒティルト・ロスラー（Mechtild Rossler）	ドイツ	2015年9月～

8 世界遺産条約の締約国（193の国と地域）と世界遺産の数（167の国と地域　1092物件）

　2018年11月現在、167の国と地域1092件（**自然遺産 209件**、**文化遺産 845件**、**複合遺産 38件**）が、このリストに記載されている。また、大規模災害、武力紛争、各種開発事業、それに、自然環境の悪化などの事由で、極度な危機にさらされ緊急の救済措置が必要とされる物件は「**危機にさらされている世界遺産リスト**」（略称 危機遺産リスト 本書では、★【**危機遺産**】と表示）に登録され、2019年2月現在、54件(34の国と地域)が登録されている。

＜地域別・世界遺産条約締約日順＞　※地域分類は、ユネスコ世界遺産センターの分類に準拠。

世界遺産ガイド－仏教関連遺産編－

ユネスコ世界遺産の概要

<アフリカ>締約国（46か国）　※国名の前の番号は、世界遺産条約の締約順。

	国　名	世界遺産条約締約日	自然遺産	文化遺産	複合遺産	合計	【うち危機遺産】
8	コンゴ民主共和国	1974年 9月23日 批准 (R)	5	0	0	5	(5)
9	ナイジェリア	1974年10月23日 批准 (R)	0	2	0	2	(0)
10	ニジェール	1974年12月23日 受諾 (Ac)	2*㉟	1	0	3	(1)
16	ガーナ	1975年 7月 4日 批准 (R)	0	2	0	2	(0)
21	セネガル	1976年 2月13日 批准 (R)	2	5*⑱	0	7	(1)
27	マリ	1977年 4月 5日 受諾 (Ac)	0	3	1	4	(3)
30	エチオピア	1977年 7月 6日 批准 (R)	1	8	0	9	(0)
31	タンザニア	1977年 8月 2日 批准 (R)	3	3	1	7	(1)
44	ギニア	1979年 3月18日 批准 (R)	1*②	0	0	1	(1)
51	セイシェル	1980年 4月 9日 受諾 (Ac)	2	0	0	2	(0)
55	中央アフリカ	1980年12月22日 批准 (R)	2*㉖	0	0	2	(1)
56	コートジボワール	1981年 1月 9日 批准 (R)	3*②	1	0	4	(1)
61	マラウイ	1982年 1月 5日 批准 (R)	1	1	0	2	(0)
64	ブルンディ	1982年 5月19日 批准 (R)	0	0	0	0	(0)
65	ベナン	1982年 6月14日 批准 (R)	1*㉟	1	0	2	(0)
66	ジンバブエ	1982年 8月16日 批准 (R)	2*①	3	0	5	(0)
68	モザンビーク	1982年11月27日 批准 (R)	0	1	0	1	(0)
69	カメルーン	1982年12月 7日 批准 (R)	2*㉖	0	0	2	(0)
74	マダガスカル	1983年 7月19日 批准 (R)	2	1	0	3	(1)
80	ザンビア	1984年 6月 4日 批准 (R)	1*①	0	0	1	(0)
90	ガボン	1986年12月30日 批准 (R)	0	0	1	1	(0)
93	ブルキナファソ	1987年 4月 2日 批准 (R)	1*㉟	1	0	2	(0)
94	ガンビア	1987年 7月 1日 批准 (R)	0	2*⑱	0	2	(0)
97	ウガンダ	1987年11月20日 受諾 (Ac)	2	1	0	3	(1)
98	コンゴ	1987年12月10日 批准 (R)	1*㉖	0	0	1	(0)
100	カーボヴェルデ	1988年 4月28日 受諾 (Ac)	0	1	0	1	(0)
115	ケニア	1991年 6月 5日 受諾 (Ac)	3	4	0	7	(0)
120	アンゴラ	1991年11月 7日 批准 (R)	0	1	0	1	(0)
143	モーリシャス	1995年 9月19日 批准 (R)	0	2	0	2	(0)
149	南アフリカ	1997年 7月10日 批准 (R)	4	5	1*㉘	10	(0)
152	トーゴ	1998年 4月15日 受諾 (Ac)	0	1	0	1	(0)
155	ボツワナ	1998年11月23日 受諾 (Ac)	1	1	0	2	(0)
156	チャド	1999年 6月23日 批准 (R)	1	0	1	2	(0)
158	ナミビア	2000年 4月 6日 受諾 (Ac)	1	1	0	2	(0)
160	コモロ	2000年 9月27日 批准 (R)	0	0	0	0	(0)
161	ルワンダ	2000年12月28日 受諾 (Ac)	0	0	0	0	(0)
167	エリトリア	2001年10月24日 受諾 (Ac)	0	1	0	1	(0)
168	リベリア	2002年 3月28日 受諾 (Ac)	0	0	0	0	(0)
177	レソト	2003年11月25日 受諾 (Ac)	0	0	1*㉘	1	(0)
179	シエラレオネ	2005年 1月 7日 批准 (R)	0	0	0	0	(0)
181	スワジランド	2005年11月30日 批准 (R)	0	0	0	0	(0)
182	ギニア・ビサウ	2006年 1月28日 批准 (R)	0	0	0	0	(0)
184	サントメ・プリンシペ	2006年 7月25日 批准 (R)	0	0	0	0	(0)
185	ジブチ	2007年 8月30日 批准 (R)	0	0	0	0	(0)
187	赤道ギニア	2010年 3月10日 批准 (R)	0	0	0	0	(0)
192	南スーダン	2016年 3月 9日 批准 (R)	0	0	0	0	(0)
	合計	35か国	38	52	5	95	(15)

世界遺産ガイド-仏教関連遺産編-

ユネスコ世界遺産の概要

| | | （ ）内は複数国にまたがる物件 | (4) | (1) | (1) | (6) | (1) |

＜アラブ諸国＞締約国（19の国と地域）　※国名の前の番号は、世界遺産条約の締約順。

国　名		世界遺産条約締約日	自然遺産	文化遺産	複合遺産	合計	【うち危機遺産】
2	エジプト	1974年 2月 7日 批准 (R)	1	6	0	7	(1)
3	イラク	1974年 3月 5日 受諾 (Ac)	0	4	1	5	(3)
5	スーダン	1974年 6月 6日 批准 (R)	1	2	0	3	(0)
6	アルジェリア	1974年 6月24日 批准 (R)	0	6	1	7	(0)
12	チュニジア	1975年 3月10日 批准 (R)	1	7	0	8	(0)
13	ヨルダン	1975年 5月 5日 批准 (R)	0	5	1	6	(1)
17	シリア	1975年 8月13日 受諾 (Ac)	0	6	0	6	(6)
20	モロッコ	1975年10月28日 批准 (R)	0	9	0	9	(0)
38	サウジアラビア	1978年 8月 7日 受諾 (Ac)	0	5	0	5	(0)
40	リビア	1978年10月13日 批准 (R)	0	5	0	5	(5)
54	イエメン	1980年10月 7日 批准 (R)	1	3	0	4	(3)
57	モーリタニア	1981年 3月 2日 批准 (R)	1	1	0	2	(0)
60	オマーン	1981年10月 6日 受諾 (Ac)	0	5	0	5	(0)
70	レバノン	1983年 2月 3日 批准 (R)	0	5	0	5	(0)
81	カタール	1984年 9月12日 受諾 (Ac)	0	1	0	1	(0)
114	バーレーン	1991年 5月28日 批准 (R)	0	2	0	2	(0)
163	アラブ首長国連邦	2001年 5月11日 加入 (A)	0	1	0	1	(0)
171	クウェート	2002年 6月 6日 批准 (R)	0	0	0	0	(0)
189	パレスチナ	2011年12月 8日 批准 (R)	0	3	0	3	(3)
	合計	18の国と地域	5	76	3	84	(22)

＜アジア・太平洋＞締約国（44か国）　※国名の前の番号は、世界遺産条約の締約順。

国　名		世界遺産条約締約日	自然遺産	文化遺産	複合遺産	合計	【うち危機遺産】
7	オーストラリア	1974年 8月22日 批准 (R)	12	3	4	19	(0)
11	イラン	1975年 2月26日 受諾 (Ac)	1	22	0	23	(0)
24	パキスタン	1976年 7月23日 批准 (R)	0	6	0	6	(0)
34	インド	1977年11月14日 批准 (R)	8	28*33	1	37	(0)
36	ネパール	1978年 6月20日 受諾 (Ac)	2	2	0	4	(0)
45	アフガニスタン	1979年 3月20日 批准 (R)	0	2	0	2	(2)
52	スリランカ	1980年 6月 6日 受諾 (Ac)	2	6	0	8	(0)
75	バングラデシュ	1983年 8月 3日 受諾 (Ac)	1	2	0	3	(0)
82	ニュージーランド	1984年11月22日 批准 (R)	2	0	1	3	(0)
86	フィリピン	1985年 9月19日 批准 (R)	3	3	0	6	(0)
87	中国	1985年12月12日 批准 (R)	13	36*30	4	53	(0)
88	モルジブ	1986年 5月22日 受諾 (Ac)	0	0	0	0	(0)
92	ラオス	1987年 3月20日 批准 (R)	0	2	0	2	(0)
95	タイ	1987年 9月17日 受諾 (Ac)	2	3	0	5	(0)
96	ヴェトナム	1987年10月19日 受諾 (Ac)	2	5	1	8	(0)
101	韓国	1988年 9月14日 受諾 (Ac)	1	12	0	13	(0)
105	マレーシア	1988年12月 7日 批准 (R)	2	2	0	4	(0)
107	インドネシア	1989年 7月 6日 受諾 (Ac)	4	4	0	8	(1)
109	モンゴル	1990年 2月 2日 受諾 (Ac)	2*13 37	3	0	5	(0)
113	フィジー	1990年11月21日 批准 (R)	0	1	0	1	(0)
121	カンボジア	1991年11月28日 受諾 (Ac)	0	3	0	3	(0)
123	ソロモン諸島	1992年 6月10日 加入 (A)	1	0	0	1	(1)
124	日本	1992年 6月30日 受諾 (Ac)	4	18*33	0	22	(0)

シンクタンクせとうち総合研究機構

世界遺産ガイド－仏教関連遺産編－

ユネスコ世界遺産の概要

	国名	世界遺産条約締約日			自然遺産	文化遺産	複合遺産	合計	【うち危機遺産】
127	タジキスタン	1992年 8月28日	承継の通告	(S)	1	1	0	2	(0)
131	ウズベキスタン	1993年 1月13日	承継の通告	(S)	1*32	4	0	5	(1)
137	ミャンマー	1994年 4月29日	受諾	(Ac)	0	1	0	1	(0)
138	カザフスタン	1994年 4月29日	受諾	(Ac)	2*32	3*30	0	5	(0)
139	トルクメニスタン	1994年 9月30日	承継の通告	(S)	0	3	0	3	(0)
142	キルギス	1995年 7月 3日	受諾	(Ac)	1*32	2*30	0	3	(0)
150	パプア・ニューギニア	1997年 7月28日	受諾	(Ac)	0	1	0	1	(0)
153	朝鮮民主主義人民共和国	1998年 7月21日	受諾	(Ac)	0	2	0	2	(0)
159	キリバス	2000年 5月12日	受諾	(Ac)	1	0	0	1	(0)
162	ニウエ	2001年 1月23日	受諾	(Ac)	0	0	0	0	(0)
164	サモア	2001年 8月28日	受諾	(Ac)	0	0	0	0	(0)
166	ブータン	2001年10月22日	批准	(R)	0	0	0	0	(0)
170	マーシャル諸島	2002年 4月24日	受諾	(Ac)	0	1	0	1	(0)
172	パラオ	2002年 6月11日	受諾	(Ac)	0	0	1	1	(0)
173	ヴァヌアツ	2002年 6月13日	批准	(R)	0	1	0	1	(0)
174	ミクロネシア連邦	2002年 7月22日	受諾	(Ac)	0	1	0	1	(1)
178	トンガ	2004年 4月30日	受諾	(Ac)	0	0	0	0	(0)
186	クック諸島	2009年 1月16日	批准	(R)	0	0	0	0	(0)
188	ブルネイ	2011年 8月12日	批准	(R)	0	0	0	0	(0)
190	シンガポール	2012年 6月19日	批准	(R)	0	1	0	1	(0)
193	東ティモール	2016年10月31日	批准	(R)	0	0	0	0	(0)
	合計	36か国			65	182	12	259	(6)
	（ ）内は複数国にまたがる物件				(3)	(2)		(5)	

＜ヨーロッパ・北米＞締約国（51か国）
※国名の前の番号は、世界遺産条約の締約順。

	国名	世界遺産条約締約日			自然遺産	文化遺産	複合遺産	合計	【うち危機遺産】
1	アメリカ合衆国	1973年12月 7日	批准	(R)	12*6 7	10	1	23	(1)
4	ブルガリア	1974年 3月 7日	受諾	(Ac)	3*20	7	0	10	(0)
15	フランス	1975年 6月27日	受諾	(Ac)	4	39*15 25 33	1*10	44	(0)
18	キプロス	1975年 8月14日	受諾	(Ac)	0	3	0	3	(0)
19	スイス	1975年 9月17日	批准	(R)	3*23	9*21 25 33	0	12	(0)
22	ポーランド	1976年 6月29日	批准	(R)	1*3	14*14 29	0	15	(0)
23	カナダ	1976年 7月23日	受諾	(Ac)	10*6 7	8	1	19	(0)
25	ドイツ	1976年 8月23日	批准	(R)	3*20 22	41*14 16 25 33	0	44	(0)
28	ノルウェー	1977年 5月12日	批准	(R)	1	7*17	0	8	(0)
37	イタリア	1978年 6月23日	批准	(R)	5*20 23	49*15 21 25 36	0	54	(0)
41	モナコ	1978年11月 7日	批准	(R)	0	0	0	0	(0)
42	マルタ	1978年11月14日	受諾	(Ac)	0	3	0	3	(0)
47	デンマーク	1979年 7月25日	批准	(R)	3*22	7	0	10	(0)
53	ポルトガル	1980年 9月30日	批准	(R)	1	14*24	0	15	(0)
59	ギリシャ	1981年 7月17日	批准	(R)	0	16	2	18	(0)
63	スペイン	1982年 5月 4日	受諾	(Ac)	4*20	41*24 27	2*10	47	(0)
67	ヴァチカン	1982年10月 7日	加入	(A)	0	2*5	0	2	(0)
71	トルコ	1983年 3月16日	批准	(R)	0	16	2	18	(0)
76	ルクセンブルク	1983年 9月28日	批准	(R)	0	1	0	1	(0)
79	英国	1984年 5月29日	批准	(R)	4	26*16	1	31	(1)
83	スウェーデン	1985年 1月22日	批准	(R)	1*19	13*17	1	15	(0)
85	ハンガリー	1985年 7月15日	受諾	(Ac)	1*4	7*12	0	8	(0)
91	フィンランド	1987年 3月 4日	批准	(R)	1*19	6*17	0	7	(0)

世界遺産ガイド-仏教関連遺産編-

	国名	世界遺産条約締約日	自然遺産	文化遺産	複合遺産	合計	【うち危機遺産】
102	ベラルーシ	1988年10月12日 批准 (R)	1*[3]	3*[17]	0	4	(0)
103	ロシア連邦	1988年10月12日 批准 (R)	11*[13]	17*[11][17]	0	28	(0)
104	ウクライナ	1988年10月12日 批准 (R)	1*[20]	5*[17][29]	0	6	(0)
108	アルバニア	1989年 7月10日 批准 (R)	1*[20]	2	0	3	(0)
110	ルーマニア	1990年 5月16日 受諾 (Ac)	2*[20]	6	0	8	(0)
116	アイルランド	1991年 9月16日 批准 (R)	0	2	0	2	(0)
119	サン・マリノ	1991年10月18日 批准 (R)	0	1	0	1	(0)
122	リトアニア	1992年 3月31日 受諾 (Ac)	0	4*[11][17]	0	4	(0)
125	クロアチア	1992年 7月 6日 承継の通告 (S)	2*[20]	8*[34][36]	0	10	(0)
126	オランダ	1992年 8月26日 受諾 (Ac)	1*[20]	9	0	10	(0)
128	ジョージア	1992年11月 4日 承継の通告 (S)	0	3	0	3	(0)
129	スロヴェニア	1992年11月 5日 承継の通告 (S)	2*[20]	2*[25][27]	0	4	(0)
130	オーストリア	1992年12月18日 批准 (R)	1*[20]	9*[12][25]	0	10	(1)
132	チェコ	1993年 3月26日 批准 (R)	0	12	0	12	(0)
133	スロヴァキア	1993年 3月31日 承継の通告 (S)	2*[4][20]	5	0	7	(0)
134	ボスニア・ヘルツェゴヴィナ	1993年 7月12日 承継の通告 (S)	0	3*[34]	0	3	(0)
135	アルメニア	1993年 9月 5日 承継の通告 (S)	0	3	0	3	(0)
136	アゼルバイジャン	1993年12月16日 批准 (R)	0	3	0	3	(0)
140	ラトヴィア	1995年 1月10日 受諾 (Ac)	0	2*[17]	0	2	(0)
144	エストニア	1995年10月27日 批准 (R)	0	2*[17]	0	2	(0)
145	アイスランド	1995年12月19日 批准 (R)	1	1	0	2	(0)
146	ベルギー	1996年 7月24日 批准 (R)	1*[20]	12*[15][33]	0	13	(0)
147	アンドラ	1997年 1月 3日 受諾 (Ac)	0	1	0	1	(0)
148	マケドニア・旧ユーゴスラビア	1997年 4月30日 承継の通告 (S)	0	0	1	1	(0)
157	イスラエル	1999年10月 6日 受諾 (Ac)	0	9	0	9	(0)
165	セルビア	2001年 9月11日 承継の通告 (S)	0	5*[34]	0	5	(1)
175	モルドヴァ	2002年 9月23日 批准 (R)	0	1*[17]	0	1	(0)
183	モンテネグロ	2006年 6月 3日 承継の通告 (S)	1	3*[34][36]	0	4	(0)
	合計	50か国	65	440	11	516	(4)
		( )内は複数国にまたがる物件	(10)	(15)	(1)	(26)	

<ラテンアメリカ・カリブ>締約国（33か国）
※国名の前の番号は、世界遺産条約の締約順。

	国名	世界遺産条約締約日	自然遺産	文化遺産	複合遺産	合計	【うち危機遺産】
14	エクアドル	1975年 6月16日 受諾 (Ac)	2	3*[31]	0	5	(0)
26	ボリヴィア	1976年10月 4日 批准 (R)	1	6*[31]	0	7	(1)
29	ガイアナ	1977年 6月20日 批准 (R)	0	0	0	0	(0)
32	コスタリカ	1977年 8月23日 批准 (R)	3*[8]	1	0	4	(0)
33	ブラジル	1977年 9月 1日 受諾 (Ac)	7	14*[9]	0	21	(0)
35	パナマ	1978年 3月 3日 批准 (R)	3*[8]	2	0	5	(0)
39	アルゼンチン	1978年 8月23日 受諾 (Ac)	5	6*[9][31]	0	11	(0)
43	グアテマラ	1979年 1月16日 批准 (R)	0	2	1	3	(0)
46	ホンジュラス	1979年 6月 8日 批准 (R)	1	1	0	2	(1)
48	ニカラグア	1979年12月17日 受諾 (Ac)	0	2	0	2	(0)
49	ハイチ	1980年 1月18日 批准 (R)	0	1	0	1	(0)
50	チリ	1980年 2月20日 批准 (R)	0	6*[31]	0	6	(1)
58	キューバ	1981年 3月24日 批准 (R)	2	7	0	9	(0)
62	ペルー	1982年 2月24日 批准 (R)	2	8*[31]	2	12	(1)
72	コロンビア	1983年 5月24日 受諾 (Ac)	2	6*[31]	1	9	(0)
73	ジャマイカ	1983年 6月14日 受諾 (Ac)	0	0	0	0	(0)

シンクタンクせとうち総合研究機構

					自然遺産	文化遺産	複合遺産	合計	うち危機遺産
77	アンチグア・バーブーダ	1983年11月 1日	受諾	(Ac)	0	1	0	1	(0)
78	メキシコ	1984年 2月23日	受諾	(Ac)	6	27	2	35	(0)
84	ドミニカ共和国	1985年 2月12日	批准	(R)	0	1	0	1	(0)
89	セントキッツ・ネイヴィース	1986年 7月10日	受諾	(Ac)	0	1	0	1	(0)
99	パラグアイ	1988年 4月27日	批准	(R)	0	1	0	1	(0)
106	ウルグアイ	1989年 3月 9日	受諾	(Ac)	0	2	0	2	(0)
111	ヴェネズエラ	1990年10月30日	受諾	(Ac)	1	2	0	3	(1)
112	ベリーズ	1990年11月 6日	批准	(R)	1	0	0	1	(1)
117	エルサルバドル	1991年10月 8日	受諾	(Ac)	0	1	0	1	(0)
118	セントルシア	1991年10月14日	批准	(R)	1	0	0	1	(0)
141	ドミニカ国	1995年 4月 4日	批准	(R)	1	0	0	1	(0)
151	スリナム	1997年10月23日	受諾	(Ac)	1	1	0	2	(0)
154	グレナダ	1998年 8月13日	受諾	(Ac)	0	0	0	0	(0)
169	バルバドス	2002年 4月 9日	受諾	(Ac)	0	1	0	1	(0)
176	セント・ヴィンセントおよびグレナディーン諸島	2003年 2月 3日	批准	(R)	0	0	0	0	(0)
180	トリニダード・トバコ	2005年 2月16日	批准	(R)	0	0	0	0	(0)
191	バハマ	2014年 5月15日	批准	(R)	0	0	0	0	(0)
	合計	28か国			38 (1)	97 (3)	7	142 (4)	(7)

( ) 内は複数国にまたがる物件

		自然遺産	文化遺産	複合遺産	合計	【うち危機遺産】
総合計	167の国と地域	209 (16)	845 (19)	38 (2)	1092 (37)	(54) (1)

( ) 内は、複数国にまたがる物件の数

(注)「批准」とは、いったん署名された条約を、署名した国がもち帰って再検討し、その条約に拘束されることについて、最終的、かつ、正式に同意すること。批准された条約は、批准書を寄託者に送付することによって正式に効力をもつ。多数国条約の寄託者は、それぞれの条約で決められるが、世界遺産条約は、国連教育科学文化機関(ユネスコ)事務局長を寄託者としている。「批准」、「受諾」、「加入」のどの手続きをとる場合でも、「条約に拘束されることについての国の同意」としての効果は同じだが、手続きの複雑さが異なる。この条約の場合、「批准」、「受諾」は、ユネスコ加盟国がこの条約に拘束されることに同意する場合、「加入」は、ユネスコ非加盟国が同意する場合にそれぞれ用いる手続き。「批准」と他の2つの最大の違いは、わが国の場合、天皇による認証という手順を踏むこと。「受諾」、「承認」、「加入」の3つは、手続的には大きな違いはなく、基本的には寄託する文書の書式、タイトルが違うだけである。

(注) ＊複数国にまたがる世界遺産

①モシ・オア・トゥニャ(ヴィクトリア瀑布)	自然遺産	ザンビア、ジンバブエ	
②ニンバ山厳正自然保護区	自然遺産	ギニア、コートジボワール	★【危機遺産】
③ビャウォヴィエジャ森林	自然遺産	ベラルーシ、ポーランド	
④アグテレック・カルストとスロヴァキア・カルストの鍾乳洞群	自然遺産	ハンガリー、スロヴァキア	
⑤ローマ歴史地区、教皇領とサンパオロ・フォーリ・レ・ムーラ大聖堂	文化遺産	イタリア、ヴァチカン	
⑥クルエーン／ランゲルーセントエライアス／グレーシャーベイ／タッシェンシニ・アルセク	自然遺産	カナダ、アメリカ合衆国	
⑦ウォータートン・グレーシャー国際平和自然公園	自然遺産	カナダ、アメリカ合衆国	
⑧タラマンカ地方ーラ・アミスター保護区群／ラ・アミスター国立公園	自然遺産	コスタリカ、パナマ	
⑨グアラニー人のイエズス会伝道所	文化遺産	アルゼンチン、ブラジル	
⑩ピレネー地方ペルデュー山	複合遺産	フランス、スペイン	
⑪クルシュ砂州	文化遺産	リトアニア、ロシア連邦	
⑫フェルトゥー・ノイジィードラーゼーの文化的景観	文化遺産	オーストリア、ハンガリー	
⑬ウフス・ヌール盆地	自然遺産	モンゴル、ロシア連邦	
⑭ムスカウ公園／ムザコフスキー公園	文化遺産	ドイツ、ポーランド	

⑮ベルギーとフランスの鐘楼群	文化遺産	ベルギー、フランス
⑯ローマ帝国の国境界線	文化遺産	英国、ドイツ
⑰シュトルーヴェの測地弧	文化遺産	ノルウェー、スウェーデン、フィンランド、エストニア、ラトヴィア、リトアニア、ロシア連邦、ベラルーシ、ウクライナ、モルドヴァ
⑱セネガンビアの環状列石群	文化遺産	ガンビア、セネガル
⑲ハイ・コースト/クヴァルケン群島	自然遺産	スウェーデン、フィンランド
⑳カルパチア山脈とヨーロッパの他の地域の原生ブナ林群	自然遺産	ウクライナ、スロヴァキア、ドイツ、アルバニア、オーストリア、ベルギー、ブルガリア、クロアチア、イタリア、ルーマニア、スロヴェニア、スペイン
㉑レーティシェ鉄道アルブラ線とベルニナ線の景観群	文化遺産	イタリア、スイス
㉒ワッデン海	自然遺産	ドイツ、オランダ
㉓モン・サン・ジョルジオ	自然遺産	イタリア、スイス
㉔コア渓谷とシエガ・ヴェルデの先史時代の岩壁画	文化遺産	ポルトガル、スペイン
㉕アルプス山脈周辺の先史時代の杭上住居群	文化遺産	スイス、オーストリア、フランス、ドイツ、イタリア、スロヴェニア
㉖サンガ川の三か国流域	自然遺産	コンゴ、カメルーン、中央アフリカ
㉗水銀の遺産、アルマデン鉱山とイドリャ鉱山	文化遺産	スペイン、スロヴェニア
㉘マロティ=ドラケンスバーグ公園	複合遺産	南アフリカ、レソト
㉙ポーランドとウクライナのカルパチア地方の木造教会群	文化遺産	ポーランド、ウクライナ
㉚シルクロード：長安・天山回廊の道路網	文化遺産	カザフスタン、キルギス、中国
㉛カパック・ニャン、アンデス山脈の道路網	文化遺産	コロンビア、エクアドル、ペルー、ボリヴィア、チリ、アルゼンチン
㉜西天山	自然遺産	カザフスタン、キルギス、ウズベキスタン
㉝ル・コルビュジエの建築作品－近代化運動への顕著な貢献	文化遺産	フランス、スイス、ベルギー、ドイツ、インド、日本、アルゼンチン
㉞ステチェツィの中世の墓碑群	文化遺産	ボスニア・ヘルツェゴヴィナ、クロアチア、セルビア、モンテネグロ
㉟W・アルリ・ペンジャリ国立公園遺産群	自然遺産	ニジェール、ベナン、ブルキナファソ
㊱16～17世紀のヴェネツィアの防衛施設群：スタート・ダ・テーラ-西スタート・ダ・マール	文化遺産	イタリア、クロアチア、モンテネグロ
㊲ダウリアの景観群	自然遺産	モンゴル、ロシア連邦

⑨ 世界遺産条約締約国総会の開催歴

回次	開催都市（国名）	開催期間
第1回	ナイロビ（ケニア）	1976年11月26日
第2回	パリ（フランス）	1978年11月24日
第3回	ベオグラード（ユーゴスラヴィア）	1980年10月 7日
第4回	パリ（フランス）	1983年10月28日
第5回	ソフィア（ブルガリア）	1985年11月 4日
第6回	パリ（フランス）	1987年10月30日
第7回	パリ（フランス）	1989年11月 9日～11月13日
第8回	パリ（フランス）	1991年11月 2日
第9回	パリ（フランス）	1993年10月29日～10月30日
第10回	パリ（フランス）	1995年11月 2日～11月 3日
第11回	パリ（フランス）	1997年10月27日～10月28日

第12回	パリ（フランス）	1999年10月28日～10月29日
第13回	パリ（フランス）	2001年11月 6日～11月 7日
第14回	パリ（フランス）	2003年10月14日～10月15日
第15回	パリ（フランス）	2005年10月10日～10月11日
第16回	パリ（フランス）	2007年10月24日～10月25日
第17回	パリ（フランス）	2009年10月23日～10月28日
第18回	パリ（フランス）	2011年11月 7日～11月 8日
第19回	パリ（フランス）	2013年11月19日～11月21日
第20回	パリ（フランス）	2015年11月18日～11月20日
第21回	パリ（フランス）	2017年11月14日～11月15日

臨　時
第1回　パリ（フランス）　　　　　2014年11月13日～11月14日

⑩ 世界遺産委員会

　世界遺産条約第8条に基づいて設置された政府間委員会で、「世界遺産リスト」と「危機にさらされている世界遺産リスト」の作成、リストに登録された遺産の保全状態のモニター、世界遺産基金の効果的な運用の検討などを行う。

（世界遺産委員会における主要議題 ）

- ●定期報告（6年毎の地域別の世界遺産の状況、フォローアップ等）
- ●「危険にさらされている世界遺産リスト」に登録されている物件のその後の改善状況の報告、「世界遺産リスト」に登録されている物件のうちリアクティブ・モニタリングに基づく報告
- ●「世界遺産リスト」および「危険にさらされている世界遺産リスト」への登録物件の審議
  【新登録関係の世界遺産委員会の4つの決議区分】
  ① 登録（記載）（Inscription）　　世界遺産リストに登録（記載）するもの。
  ② 情報照会（Referral）　追加情報の提出を求めた上で、次回以降の世界遺産委員会で再審議するもの。
  ③ 登録（記載）延期（Deferral）　より綿密な調査や登録推薦書類の抜本的な改定が必要なもの。登録推薦書類を再提出した後、約1年半をかけて再度、専門機関のIUCNやICOMOSの審査を受ける必要がある。
  ④ 不登録（不記載）（Decision not to inscribe）　登録（記載）にふさわしくないもの。例外的な場合を除いては、再度の登録推薦は不可。
- ●「世界遺産基金」予算の承認 と国際援助要請の審議
- ●グローバル戦略や世界遺産戦略の目標等の審議

⑪ 世界遺産委員会委員国

　世界遺産委員会委員国は、世界遺産条約締結国の中から、世界の異なる地域および文化が均等に代表される様に選ばれた、21か国によって構成される。任期は原則6年であるが、4年に短縮できる。2年毎に開かれる世界遺産条約締約国総会で改選される。世界遺産委員会ビューローは、毎年、世界遺産委員会によって選出された7か国（◎議長国 1、○副議長国 5、□ラポルチュール（報告担当国）1）によって構成される。2018年8月現在の世界遺産委員会の委員国は、下記の通り。

　オーストラリア、バーレーン、ボスニア・ヘルツェゴヴィナ、ブラジル、中国、グアテマラ、

ハンガリー、キルギス、ノルウェー、セントキッツ・ネイヴィース、スペイン、ウガンダ
(任期 第41回ユネスコ総会の会期終了＜2021年11月頃＞まで)

アンゴラ、アゼルバイジャン、ブルキナファソ、キューバ、インドネシア、クウェート、チュニジア、タンザニア、ジンバブエ
(任期 第40回ユネスコ総会の会期終了＜2019年11月頃＞まで)

<第43回世界遺産委員会>
- ◎ 議長国　アゼルバイジャン
  議長：アブルファス・ガライェフ（H.E. Mr. Abulfaz Garayev）
- ○ 副議長国　ノルウェー、ブラジル、インドネシア、ブルキナファソ、チュニジア
- □ ラポルチュール(報告担当国)　オーストラリア　マハニ・テイラー（Ms. Mahani Taylor）

<第42回世界遺産委員会>
- ◎ 議長国　バーレーン
  議長：シャイハ・ハヤ・ラシード・アル・ハリーファ氏（Sheikha Haya Rashed Al Khalifa）国際法律家
- ○ 副議長国　アゼルバイジャン、ブラジル、中国、スペイン、ジンバブエ
- □ ラポルチュール(報告担当国)　ハンガリー　アンナ・E.ツァイヒナー（Ms.Anna E. Zeichner）

<第41回世界遺産委員会ビューロー>
- ◎ 議長国　ポーランド
  議長：ヤツェク・プルフラ氏（Pro. Jacek Purchla）
  クラクフ国際文化センター所長、ポーランド・ユネスコ国内委員会会長
- ○ 副議長国　アンゴラ、クウェート、ペルー、ポルトガル、韓国
- □ ラポルチュール(報告担当国)　タンザニア　ムハマド・ジュマ氏（Mr Muhammad Juma）

<第40回世界遺産委員会ビューロー>
- ◎ 議長国　トルコ
  議長：ラーレ・ウルケル氏（Ms Lale Ülkerr）トルコ外務省海外広報・文化局長
- ○ 副議長国　レバノン、ペルー、フィリピン、ポーランド、タンザニア
- □ ラポルチュール(報告担当国)　韓国　チョ・ユジン女史（Mrs Eugene JO）

<第39回世界遺産委員会ビューロー>
- ◎ 議長国　ドイツ
  議長：マリア・ベーマー 氏（Maria Boehmer）
  Minister of State of the German Foreign Office
- ○ 副議長国　クロアチア、インド、ジャマイカ、カタール、セネガル
- □ ラポルチュール(報告担当国)　レバノン（Mr.Hichan Cheaib氏）

<第38回世界遺産委員会ビューロー>
- ◎ 議長国　カタール
  議長：マル・マサヤ・ビント・ハマド・ビン・アル・サーニ閣下夫人
  （H.E.Sheika Al Mayasa Bint Hamad Al.Thani）カタール美術館局理事長
- ○ 副議長国　アルジェリア、コロンビア、日本、ドイツ、セネガル
- □ ラポルチュール(報告担当国)　フランシスコ・J・グティエレス氏（コロンビア）

12 世界遺産委員会の開催歴

通常回次	開催都市（国名）	開催期間	登録物件数
第1回	パリ（フランス）	1977年 6月27日～ 7月 1日	0
第2回	ワシントン（アメリカ合衆国）	1978年 9月 5日～ 9月 8日	12
第3回	ルクソール（エジプト）	1979年10月22日～10月26日	45
第4回	パリ（フランス）	1980年 9月 1日～ 9月 5日	28
第5回	シドニー（オーストラリア）	1981年10月26日～10月30日	26
第6回	パリ（フランス）	1982年12月13日～12月17日	24
第7回	フィレンツェ（イタリア）	1983年12月 5日～12月 9日	29
第8回	ブエノスアイレス（アルゼンチン）	1984年10月29日～11月 2日	23
第9回	パリ（フランス）	1985年12月 2日～12月 6日	30
第10回	パリ（フランス）	1986年11月24日～11月28日	31
第11回	パリ（フランス）	1987年12月 7日～12月11日	41
第12回	ブラジリア（ブラジル）	1988年12月 5日～12月 9日	27
第13回	パリ（フランス）	1989年12月11日～12月15日	7
第14回	バンフ（カナダ）	1990年12月 7日～12月12日	17
第15回	カルタゴ（チュニジア）	1991年12月 9日～12月13日	22
第16回	サンタ・フェ（アメリカ合衆国）	1992年12月 7日～12月14日	20
第17回	カルタヘナ（コロンビア）	1993年12月 6日～12月11日	33
第18回	プーケット（タイ）	1994年12月12日～12月17日	29
第19回	ベルリン（ドイツ）	1995年12月 4日～12月 9日	29
第20回	メリダ（メキシコ）	1996年12月 2日～12月 7日	37
第21回	ナポリ（イタリア）	1997年12月 1日～12月 6日	46
第22回	京都（日本）	1998年11月30日～12月 5日	30
第23回	マラケシュ（モロッコ）	1999年11月29日～12月 4日	48
第24回	ケアンズ（オーストラリア）	2000年11月27日～12月 2日	61
第25回	ヘルシンキ（フィンランド）	2001年12月11日～12月16日	31
第26回	ブダペスト（ハンガリー）	2002年 6月24日～ 6月29日	9
第27回	パリ（フランス）	2003年 6月30日～ 7月 5日	24
第28回	蘇州（中国）	2004年 6月28日～ 7月 7日	34
第29回	ダーバン（南アフリカ）	2005年 7月10日～ 7月18日	24
第30回	ヴィリニュス（リトアニア）	2006年 7月 8日～ 7月16日	18
第31回	クライスト・チャーチ(ニュージーランド)	2007年 6月23日～ 7月 2日	22
第32回	ケベック（カナダ）	2008年 7月 2日～ 7月10日	27
第33回	セビリア（スペイン）	2009年 6月22日～ 6月30日	13
第34回	ブラジリア（ブラジル）	2010年 7月25日～ 8月 3日	21
第35回	パリ（フランス）	2011年 6月19日～ 6月29日	25
第36回	サンクトペテルブルク（ロシア連邦）	2012年 6月24日～ 7月 6日	26
第37回	プノンペン（カンボジア）	2013年 6月16日～ 6月27日	19
第38回	ドーハ（カタール）	2014年 6月15日～ 6月25日	26
第39回	ボン（ドイツ）	2015年 6月28日～ 7月 8日	24
第40回	イスタンブール（トルコ）	2016年 7月10日～ 7月17日＊	21
〃	パリ（フランス）	2016年10月24日～10月26日＊	
第41回	クラクフ（ポーランド）	2017年 7月 2日～ 7月12日	21
第42回	マナーマ（バーレーン）	2018年 6月24日～ 7月 4日	19
第43回	バクー（アゼルバイジャン）	2019年 6月30日～ 7月10日	X

（注）当初登録された物件が、その後隣国を含めた登録地域の拡大・延長などで、新しい物件として統合・再登録された物件等を含む。
＊トルコでの不測の事態により、当初の会期を3日間短縮、10月にフランスのパリで審議継続した。

ユネスコ世界遺産の概要

臨　時			
回次	開催都市（国名）	開催期間	登録物件数
第1回	パリ（フランス）	1981年 9月10日～ 9月11日	1
第2回	パリ（フランス）	1997年10月29日	
第3回	パリ（フランス）	1999年 7月12日	
第4回	パリ（フランス）	1999年10月30日	
第5回	パリ（フランス）	2001年 9月12日	
第6回	パリ（フランス）	2003年 3月17日～ 3月22日	
第7回	パリ（フランス）	2004年12月 6日～12月11日	
第8回	パリ（フランス）	2007年10月24日	
第9回	パリ（フランス）	2010年 6月14日	
第10回	パリ（フランス）	2011年11月 9日	

⑬ 世界遺産の種類

世界遺産には、自然遺産、文化遺産、複合遺産の3種類に分類される。

□**自然遺産**（Natural Heritage）

自然遺産とは、無生物、生物の生成物、または、生成物群からなる特徴のある自然の地域で、鑑賞上、または、学術上、「顕著な普遍的価値」（Outstanding Universal Value）を有するもの、そして、地質学的、または、地形学的な形成物および脅威にさらされている動物、または、植物の種の生息地、または、自生地として区域が明確に定められている地域で、学術上、保存上、または、景観上、「顕著な普遍的価値」を有するものと定義することが出来る。

　地球上の顕著な普遍的価値をもつ自然景観、地形・地質、生態系、生物多様性などを有する自然遺産の数は、**2019年2月現在、209物件。**

大地溝帯のケニアの湖水システム(ケニア)、セレンゲティ国立公園(タンザニア)、キリマンジャロ国立公園(タンザニア)、モシ・オア・トゥニャ（ヴィクトリア瀑布）（ザンビア／ジンバブエ)、サガルマータ国立公園(ネパール)、スマトラの熱帯雨林遺産(インドネシア)、屋久島(日本)、白神山地(日本)、知床(日本)、小笠原諸島(日本)、グレート・バリア・リーフ(オーストラリア)、スイス・アルプス ユングフラウ・アレッチ(スイス)、イルリサート・アイスフィヨルド(デンマーク)、バイカル湖（ロシア連邦)、カナディアン・ロッキー山脈公園(カナダ)、グランド・キャニオン国立公園(アメリカ合衆国)、エバーグレーズ国立公園(アメリカ合衆国)、レヴィジャヒヘド諸島(メキシコ)、ガラパゴス諸島(エクアドル)、イグアス国立公園(ブラジル／アルゼンチン)などがその代表的な物件。

□**文化遺産**（Cultural Heritage）

文化遺産とは、歴史上、芸術上、または、学術上、「顕著な普遍的価値」（Outstanding Universal Value）を有する記念物、建築物群、記念的意義を有する彫刻および絵画、考古学的な性質の物件および構造物、金石文、洞穴居ならびにこれらの物件の組合せで、歴史的、芸術上、または、学術上、「顕著な普遍的価値」を有するものをいう。

遺跡（Sites）とは、自然と結合したものを含む人工の所産および考古学的遺跡を含む区域で、歴史上、芸術上、民族学上、または、人類学上、「顕著な普遍的価値」を有するものをいう。

建造物群（Groups of buildings）とは、独立し、または、連続した建造物の群で、その建築様式、均質性、または、景観内の位置の為に、歴史上、芸術上、または、学術上、「顕著な普遍的価値」を有するものをいう。

ユネスコ世界遺産の概要

モニュメント（Monuments）とは、建築物、記念的意義を有する彫刻および絵画、考古学的な性質の物件および構造物、金石文、洞穴居ならびにこれらの物件の組合せで、歴史的、芸術上、または、学術上、「顕著な普遍的価値」を有するものをいう。

人類の英知と人間活動の所産を様々な形で語り続ける顕著な普遍的価値をもつ遺跡、建造物群、モニュメントなどの文化遺産の数は、2019年2月現在、845物件。

モンバサのジーザス要塞(ケニア)、メンフィスとそのネクロポリス／ギザからダハシュールまでのピラミッド地帯（エジプト)、ペルセポリス(イラン)、サマルカンド(ウズベキスタン)、タージ・マハル(インド)、アンコール(カンボジア)、万里の長城(中国)、高句麗古墳群(北朝鮮)、古都京都の文化財(日本)、厳島神社(日本)、白川郷と五箇山の合掌造り集落(日本)、アテネのアクロポリス(ギリシャ)、ローマ歴史地区(イタリア)、ヴェルサイユ宮殿と庭園(フランス)、アルタミラ洞窟(スペイン)、ストーンヘンジ(英国)、ライン川上中流域の渓谷(ドイツ)、プラハの歴史地区(チェコ)、アウシュヴィッツ強制収容所(ポーランド)、クレムリンと赤の広場(ロシア連邦)、自由の女神像(アメリカ合衆国)、テオティワカン古代都市(メキシコ)、クスコ市街(ペルー)、ブラジリア(ブラジル)、ウマワカの渓谷(アルゼンチン) などがその代表的な物件。

文化遺産の中で、**文化的景観**（Cultural Landscapes）という概念に含まれる物件がある。
文化的景観とは、「人間と自然環境との共同作品」とも言える景観。文化遺産と自然遺産との中間的な存在で、現在は文化遺産の分類に含められており、次の三つのカテゴリーに分類することができる。

1）庭園、公園など人間によって意図的に設計され創造されたと明らかに定義できる景観
2）棚田など農林水産業などの産業と関連した有機的に進化する景観で、
　　次の2つのサブ・カテゴリーに分けられる。
　　①残存する(或は化石)景観（a relict (or fossil) landscape）
　　②継続中の景観（continuing landscape）
3）聖山など自然的要素が強い宗教、芸術、文化などの事象と関連する文化的景観

コンソ族の文化的景観(エチオピア)、アハサー・オアシス、進化する文化的景観（サウジアラビア）、オルホン渓谷の文化的景観(モンゴル)、杭州西湖の文化的景観(中国)、紀伊山地の霊場と参詣道(日本)、石見銀山遺跡とその文化的景観(日本)、フィリピンのコルディリェラ山脈の棚田(フィリピン)、シンクヴェトリル国立公園(アイスランド)、シントラの文化的景観(ポルトガル)、ザルツカンマーグート地方のハルシュタットとダッハシュタインの文化的景観(オーストリア)、トカイ・ワイン地方の歴史的・文化的景観(ハンガリー)、ペルガモンとその多層的な文化的景観(トルコ)、ヴィニャーレス渓谷(キューバ)、パンプーリャ湖近代建築群(ブラジル) などがこの範疇に入る。

□複合遺産（Cultural and Natural Heritage）

自然遺産と文化遺産の両方の要件を満たしている物件が**複合遺産**で、最初から複合遺産として登録される場合と、はじめに、自然遺産、あるいは、文化遺産として登録され、その後、もう一方の遺産としても評価されて複合遺産となる場合がある。

世界遺産条約の本旨である自然と文化との結びつきを代表する複合遺産の数は、
2019年2月現在、38物件。

ワディ・ラム保護区(ヨルダン)、カンチェンジュンガ国立公園(インド)、泰山(中国)、チャンアン景観遺産群（ヴェトナム)、ウルル・カタジュタ国立公園(オーストラリア)、トンガリロ国立公園(ニュージーランド)、ギョレメ国立公園とカッパドキア(トルコ)、メテオラ(ギリシャ)、ピレネー地方-ペルデュー山(フランス／スペイン)、ティカル国立公園(グアテマラ)、マチュ・ピチュの歴史保護区(ペルー) などが代表的な物件。

⑭ ユネスコ世界遺産の登録要件

　ユネスコ世界遺産の登録要件は、世界的に顕著な普遍的価値（outstanding universal value）を有することが前提であり、世界遺産委員会が定めた世界遺産の登録基準（クライテリア）の一つ以上を完全に満たしている必要がある。また、世界遺産としての価値を将来にわたって継承していく為の保護管理措置が担保されていることが必要である。

⑮ ユネスコ世界遺産の登録基準

　世界遺産委員会が定める世界遺産の登録基準（クライテリア）が設けられており、このうちの一つ以上の基準を完全に満たしていることが必要。

(i) 人類の創造的天才の傑作を表現するもの。→人類の創造的天才の傑作

(ii) ある期間を通じて、または、ある文化圏において、建築、技術、記念碑的芸術、町並み計画、景観デザインの発展に関し、人類の価値の重要な交流を示すもの。→人類の価値の重要な交流を示すもの

(iii) 現存する、または、消滅した文化的伝統、または、文明の、唯一の、または、少なくとも稀な証拠となるもの。→文化的伝統、文明の稀な証拠

(iv) 人類の歴史上、重要な時代を例証する、ある形式の造物、建築物群、技術の集積、または、景観の顕著な例。→歴史上、重要な時代を例証する優れた例

(v) 特に、回復困難な変化の影響下で損傷されやすい状態にある場合における、ある文化（または、複数の文化）或は、環境と人間との相互作用を代表する伝統的集落、または、土地利用の顕著な例。→存続が危ぶまれている伝統的集落、土地利用の際立つ例

(vi) 顕著な普遍的な意義を有する出来事、現存する伝統、思想、信仰、または、芸術的、文学的作品と、直接に、または、明白に関連するもの。→普遍的出来事、伝統、思想、信仰、芸術、文学的作品と関連するもの

(vii) もっともすばらしい自然的現象、または、ひときわすぐれた自然美をもつ地域、及び、美的な重要性を含むもの。→自然景観

(viii) 地球の歴史上の主要な段階を示す顕著な見本であるもの。これには、生物の記録、地形の発達における重要な地学的進行過程、或は、重要な地形的、または、自然地理的特性などが含まれる。→地形・地質

(ix) 陸上、淡水、沿岸、及び、海洋生態系と動植物群集の進化と発達において、進行しつつある重要な生態学的、生物学的プロセスを示す顕著な見本であるもの。→生態系

(x) 生物多様性の本来的保全にとって、もっとも重要かつ意義深い自然生息地を含んでいるもの。これには、科学上、または、保全上の観点から、すぐれて普遍的価値をもつ絶滅の恐れのある種が存在するものを含む。→生物多様性

　（注）→ は、わかりやすい覚え方として、当シンクタンクが言い換えたものである。

16 ユネスコ世界遺産に登録されるまでの手順

　世界遺産リストへの登録物件の推薦は、個人や団体ではなく、世界遺産条約を締結した各国政府が行う。日本では、文化遺産は文化庁、自然遺産は環境省と林野庁が中心となって決定している。
　ユネスコの「世界遺産リスト」に登録されるプロセスは、政府が暫定リストに基づいて、パリに事務局がある世界遺産委員会に推薦し、自然遺産については、**IUCN**(国際自然保護連合)、文化遺産については、**ICOMOS**(イコモス　国際記念物遺跡会議)の専門的な評価報告書や**ICCROM**(イクロム　文化財保存修復研究国際センター)の助言などに基づいて審議され、世界遺産リストへの登録の可否が決定される。

　IUCN（The World Conservation Union　国際自然保護連合、以前は、自然及び天然資源の保全に関する国際同盟＜International Union for Conservation of Nature and Natural Resources＞）は、国連環境計画（UNEP）、ユネスコ（UNESCO）などの国連機関や世界自然保護基金（WWF）などの協力の下に、野生生物の保護、自然環境及び自然資源の保全に係わる調査研究、発展途上地域への支援などを行っているほか、絶滅のおそれのある世界の野生生物を網羅したレッド・リスト等を定期的に刊行している。
　世界遺産との関係では、IUCNは、世界遺産委員会への諮問機関としての役割を果たしている。自然保護や野生生物保護の専門家のワールド・ワイドなネットワークを通じて、自然遺産に推薦された物件が世界遺産にふさわしいかどうかの専門的な評価、既に世界遺産に登録されている物件の保全状態のモニタリング(監視)、締約国によって提出された国際援助要請の審査、人材育成活動への支援などを行っている。

　ICOMOS（International Council of Monuments and Sites　国際記念物遺跡会議）は、本部をフランス、パリに置く国際的な非政府組織（NGO）である。1965年に設立され、建築遺産及び考古学的遺産の保全のための理論、方法論、そして、科学技術の応用を推進することを目的としている。1964年に制定された「記念建造物および遺跡の保全と修復のための国際憲章」(ヴェネチア憲章)に示された原則を基盤として活動している。
　世界遺産条約に関するICOMOSの役割は、「世界遺産リスト」への登録推薦物件の審査＜現地調査（夏～秋）、イコモスパネル(11月末～12月初)、中間報告(1月中)＞、文化遺産の保存状況の監視、世界遺産条約締約国から提出された国際援助要請の審査、人材育成への助言及び支援などである。

【新登録候補物件の評価結果についての世界遺産委員会への4つの勧告区分】

① 登録（記載）勧告
　(Recommendation for Inscription)
世界遺産としての価値を認め、世界遺産リストへの登録（記載）を勧める。

② 情報照会勧告
　(Recommendation for Referral)
世界遺産としての価値は認めるが、追加情報の提出を求めた上で、次回以降の世界遺産委員会での審議を勧める。

③ 登録（記載）延期勧告
　(Recommendation for Deferral)
より綿密な調査や登録推薦書類の抜本的な改定が必要なもの。登録推薦書類を再提出した後、約1年半をかけて、再度、専門機関のIUCNやICOMOSの審査を受けることを勧める。

④ 不登録（不記載）勧告
　(Not recommendation for Inscription)
登録（記載）にふさわしくないもの。例外的な場合を除いて再推薦は不可とする。

　ICCROM（International Centre for the Study of the Preservation and Restoration of Cultural Property 文化財保存及び修復の研究のための国際センター）は、本部をイタリア、ローマにおく国際的な政府間機関（IGO）である。ユネスコによって1956年に設立され、不動産・動産の文化遺産の保全強化を目的とした研究、記録、技術支援、研修、普及啓発を行うことを目的としている。
　世界遺産条約に関するICCROMの役割は、文化遺産に関する研修において主導的な協力機関であること、文化遺産の保存状況の監視、世界遺産条約締約国から提出された国際援助要請の審査、人材育成への助言及び支援などである。

17 世界遺産暫定リスト

　世界遺産暫定リストとは、各世界遺産条約締約国が「世界遺産リスト」へ登録することがふさわしいと考える、自国の領域内に存在する物件の目録である。

従って、世界遺産条約締約国は、各自の世界遺産暫定リストに、将来、登録推薦を行う意思のある物件の名称を示す必要がある。

2019年2月現在、世界遺産暫定リストに登録されている物件は、1710物件（177か国）であり、世界遺産暫定リストを、まだ作成していない国は、作成が必要である。また、追加や削除など、世界遺産暫定リストの定期的な見直しが必要である。

⑱ 危機にさらされている世界遺産 （略称　危機遺産　★【危機遺産】　54物件）

ユネスコの「危機にさらされている世界遺産リスト」には、2019年2月現在、34の国と地域にわたって自然遺産が16物件、文化遺産が38物件の合計54物件が登録されている。地域別に見ると、アフリカが16物件、アラブ諸国が22物件、アジア・太平洋地域が6物件、ヨーロッパ・北米が4物件、ラテンアメリカ・カリブが6物件となっている。

危機遺産になった理由としては、地震などの自然災害によるもの、民族紛争などの人為災害によるものなど多様である。世界遺産は、今、イスラム国などによる攻撃、破壊、盗難の危機にさらされている。こうした危機から回避していく為には、戦争や紛争のない平和な社会を築いていかなければならない。それに、開発と保全のあり方も多角的な視点から見つめ直していかなければならない。

「危機遺産リスト」に登録されても、その後改善措置が講じられ、危機的状況から脱した場合は、「危機遺産リスト」から解除される。一方、一旦解除されても、再び危機にさらされた場合には、再度、「危機遺産リスト」に登録される。一向に改善の見込みがない場合には、「世界遺産リスト」そのものからの登録抹消もありうる。

⑲ 危機にさらされている世界遺産リストへの登録基準

世界遺産委員会が定める危機にさらされている世界遺産リスト(List of the World Heritage in Danger)への登録基準は、以下の通りで、いずれか一つに該当する場合に登録される。

〔自然遺産の場合〕

(1) 確認危険　遺産が特定の確認された差し迫った危険に直面している、例えば、

　　a. 法的に遺産保護が定められた根拠となった顕著で普遍的な価値をもつ種で、絶滅の危機にさらされている種やその他の種の個体数が、病気などの自然要因、或は、密猟・密漁などの人為的要因などによって著しく低下している
　　b. 人間の定住、遺産の大部分が氾濫するような貯水池の建設、産業開発や、農業や肥料の使用を含む農業の発展、大規模な公共事業、採掘、汚染、森林伐採、燃料材の採取などによって、遺産の自然美や学術的価値が重大な損壊を被っている
　　c. 境界や上流地域への人間の侵入により、遺産の完全性が脅かされる

(2) 潜在危険　遺産固有の特徴に有害な影響を与えかねない脅威に直面している、例えば、

　　a. 指定地域の法的な保護状態の変化
　　b. 遺産内か、或は、遺産に影響が及ぶような場所における再移住計画、或は、開発事業
　　c. 武力紛争の勃発、或は、その恐れ
　　d. 保護管理計画が欠如しているか、不適切か、或は、十分に実施されていない

〔文化遺産の場合〕

(1) **確認危険** 遺産が特定の確認された差し迫った危険に直面している、例えば、

 a. 材質の重大な損壊
 b. 構造、或は、装飾的な特徴の重大な損壊
 c. 建築、或は、都市計画の統一性の重大な損壊
 d. 都市、或は、地方の空間、或は、自然環境の重大な損壊
 e. 歴史的な真正性の重大な喪失
 f. 文化的な意義の大きな喪失

(2) **潜在危険** 遺産固有の特徴に有害な影響を与えかねない脅威に直面している、例えば、

 a. 保護の度合いを弱めるような遺産の法的地位の変化
 b. 保護政策の欠如
 c. 地域開発計画による脅威的な影響
 d. 都市開発計画による脅威的な影響
 e. 武力紛争の勃発、或は、その恐れ
 f. 地質、気象、その他の環境的な要因による漸進的変化

20 監視強化メカニズム

監視強化メカニズム（Reinforced Monitoring Mechanism略称：RMM）とは、2007年4月に開催されたユネスコの第176回理事会で採択された「世界遺産条約の枠組みの中で、世界遺産委員会の決議の適切な履行を確保する為のメカニズムを世界遺産委員会で提案すること」の事務局長への要請を受け、2007年の第31回世界遺産委員会で採択された新しい監視強化メカニズムのことである。RMMの目的は、「顕著な普遍的価値」の喪失につながりかねない突発的、偶発的な原因や理由で、深刻な危機的状況に陥った現場に専門家を速やかに派遣、監視し、次の世界遺産委員会での決議を待つまでもなく可及的速やかな対応や緊急措置を講じられる仕組みである。

21 世界遺産リストからの登録抹消

ユネスコの世界遺産は、「世界遺産リスト」への登録後において、下記のいずれかに該当する場合、世界遺産委員会は、「世界遺産リスト」から登録抹消の手続きを行なうことが出来る。

1) 世界遺産登録を決定づけた物件の特徴が失われるほど物件の状態が悪化した場合。
2) 世界遺産の本来の特質が、登録推薦の時点で、既に、人間の行為によって脅かされており、かつ、その時点で世界遺産条約締約国によりまとめられた必要な改善措置が、予定された期間内に講じられなかった場合。

これまでの登録抹消の事例としては、下記の2つの事例がある。

● オマーン　　「アラビアン・オリックス保護区」
  （自然遺産　1994年世界遺産登録　2007年登録抹消）
  ＜理由＞油田開発の為、オペレーショナル・ガイドラインズに違反し世界遺産の登録
    範囲を勝手に変更したことによる世界遺産登録時の完全性の喪失。
● ドイツ　　　「ドレスデンのエルベ渓谷」
  （文化遺産　2004年世界遺産登録　★【危機遺産】2006年登録　2009年登録抹消）
  ＜理由＞文化的景観の中心部での橋の建設による世界遺産登録時の完全性の喪失。

22 世界遺産基金

　世界遺産基金とは、世界遺産の保護を目的とした基金で、2016〜2017年(2年間)の予算案は、6,559,877US$。世界遺産条約が有効に機能している最大の理由は、この世界遺産基金を締約国に義務づけることにより世界遺産保護に関わる援助金を確保できることであり、その使途については、世界遺産委員会等で審議される。

　日本は、世界遺産基金への分担金として、世界遺産条約締約後の1993年には、762,080US$（1992年／1993年分を含む）、その後、1994年 395,109US$、1995年 443,903US$、1996年 563,178US$、
1997年 571,108US$、　1998年 641,312US$、　1999年 677,834US$、　2000年 680,459US$、
2001年 598,804US$、　2002年 598,804US$、　2003年 598,804US$、　2004年 597,038US$、
2005年 597,038US$、　2006年 509,350US$、　2007年 509,350US$、　2008年 509,350US$、
2009年 509,350US$、　2010年 409,137US$、　2011年 409,137US$、　2012年 409,137US$、
2013年 353,730US$、　2014年 353,730US$、　2015年 353,730US$　2016年 316,019US$
を拠出している。

(1) 世界遺産基金の財源

　□世界遺産条約締約国に義務づけられた分担金(ユネスコに対する分担金の1%を上限とする額)
　□各国政府の自主的拠出金、団体・機関(法人)や個人からの寄付金

（2017年予算案の分担金または任意拠出金の支払予定上位国）

❶米国*	718,300 US$	❷日本	316,019 US$	❸中国	258,588 US$
❹ドイツ	208,601 US$	❺英国	145,717 US$	❻フランス	158,646 US$
❼オーストラリア	76,303 US$	❽ブラジル	124,821 US$	❾イタリア	122,372 US$
❿ロシア連邦	100,823 US$	⓫カナダ	95,371 US$	⓬スペイン	79,764 US$
⓭韓国	66,573 US$	⓮オランダ	48,387 US$	⓯メキシコ	46,853 US$
⓰サウジアラビア	37,417 US$	⓱スイス	37,221 US$	⓲トルコ	33,238 US$
⓳スウェーデン	31,213 US$	⓴ベルギー	28,895 US$		

*2018年12月末脱退予定だが、これまでの滞納額は支払い義務あり。

世界遺産基金（The World Heritage Fund／Fonds du Patrimoine Mondial）

- UNESCO account No. 949-1-191558　　　　　（US＄）
　CHASE MANHATTAN BANK　4 Metrotech Center,Brooklyn,NewYork,NY 11245 USA
　SWIFT CODE:CHASUS33-ABA No.0210-0002-1
- UNESCO account No. 30003-03301-00037291180-53　　（＄ EU）
　Societe Generale　106 rue Saint-Dominique 75007 paris　FRANCE
　SWIFT CODE:SOGE FRPPAFS

(2) 世界遺産基金からの国際援助の種類と援助実績

①世界遺産登録の準備への援助（Preparatory Assistance）

　＜例示＞
　●マダガスカル　アンタナナリボのオートヴィル　　　　　　　　　　30,000 US＄

②保全管理への援助（Conservation and Management Assistance）

　＜例示＞
- ガーナ　　　　　ガーナの砦と城塞　　　　　　　　　　　　　　　85,086 US＄
　　　　　　　　　（1979年世界遺産登録）の管理計画策定の準備
- アルバニア　　　ベラトとギロカストラ　　　　　　　　　　　　　30,460 US＄
　　　　　　　　　（2005年／2008年世界遺産登録）の統合管理計画
- ミクロネシア　　ナン・マドール：東ミクロネシアの祭祀センター　30,000 US＄
　　　　　　　　　（2016年世界遺産登録／危機遺産登録）の雑草の駆除
- セネガル　　　　ニオコロ・コバ国立公園　　　　　　　　　　　　29,674 US＄
　　　　　　　　　（1981年世界遺産登録／2007年危機遺産登録）の管理計画の更新

③緊急援助（Emergency Assistance）

　＜例示＞
- ガンビア　　　　クンタ・キンテ島と関連遺跡群（2003年世界遺産登録）　5,025 US＄
　　　　　　　　　のCFAOビルの屋根の復旧

23 ユネスコ文化遺産保存日本信託基金

ユネスコが日本政府の拠出金によって設置している日本信託基金には、次の様な基金がある。

○ユネスコ文化遺産保存信託基金（外務省所管）
○ユネスコ人的資源開発信託基金（外務省所管）
○ユネスコ青年交流信託基金（文部科学省所管）
○万人のための教育信託基金（文部科学省所管）
○持続可能な開発のための教育信託基金（文部科学省所管）
○ユネスコ地球規模の課題の解決のための科学事業信託基金（文部科学省所管）
○ユネスコ技術援助専門家派遣信託基金（文部科学省所管）
○エイズ教育特別信託基金（文部科学省所管）
○アジア太平洋地域教育協力信託基金（文部科学省所管）

これらのうち、ユネスコ文化遺産保存日本信託基金による主な実施中の案件は、次の通り。

- カンボジア「アンコール遺跡」　　国際調整委員会等国際会議の開催　1990年～
　　　　　　　　　　　　　　　　　保存修復事業等　1994年～
- ネパール「カトマンズ渓谷」　　　ダルバール広場の文化遺産の復旧・復興　2015年～
- ネパール「ルンビニ遺跡」　　　　建造物等保存措置、考古学調査、統合的マスタープラン
　　　　　　　　　　　　　　　　　策定、管理プロセスのレビュー、専門家育成　2010年～
- ミャンマー「バガン遺跡」　　　　遺跡保存水準の改善、人材養成　2014年～2016年
- アフガニスタン「バーミヤン遺跡」壁画保存、マスタープランの策定、東大仏仏龕の固定、
　　　　　　　　　　　　　　　　　西大仏龕奥壁の安定化　2003年～
- ボリヴィア「ティワナク遺跡」　　管理計画の策定、人材育成（保存管理、発掘技術等）
　　　　　　　　　　　　　　　　　2008年～
- カザフスタン、キルギス、タジキスタン、トルクメニスタン、ウズベキスタン
　「シルクロード世界遺産推薦　　　遺跡におけるドキュメンテーション実地訓練・人材育成
　ドキュメンテーション支援」　　　2010年～
- カーボヴェルデ、サントメ・プリンシペ、コモロ、モーリシャス、セーシェル、モルディブ、

ミクロネシア、クック諸島、ニウエ、トンガ、ツバル、ナウル、アンティグア・バーブーダ、バハマ、バルバドス、ベリーズ、キューバ、ドミニカ、グレナダ、ガイアナ、ジャマイカ、セントクリストファー・ネーヴィス、セントルシア、セントビンセント・グレナディーン、スリナム、トリニダード・トバコ
「小島嶼開発途上国における世界遺産サイト保護支援」
　　　　　　　　　　能力形成及び地域共同体の持続可能な開発の強化
　　　　　　　　　　2011年～2016年
● ウガンダ「カスビ王墓再建事業」　リスク管理及び火災防止、藁葺き技術調査、能力形成
　　　　　　　　　　2013年～
● グアテマラ「ティカル遺跡保存事業」北アクロポリスの3Dデータの収集及び登録，人材育成
　　　　　　　　　　2016年～
● ブータン「南アジア文化的景観支援」ワークショップの開催　2016年～
● アルゼンチン、ボリビア、チリ、コロンビア、エクアドル、ペルー
「カパック・ニャン－アンデス道路網の保存支援事業」　モニタリングシステムの設置及び実施
　　　　　　　　　　2016年～
● セネガル「ゴレ島の護岸保護支援」ゴレ島南沿岸の緊急対策措置（波止場の再建、世界遺産
　　　　　　　　　　サイト管理サービスの設置等）　2016年～
● アルジェリア「カスバの保護支援事業」専門家会合の開催　2016年～

㉔ 日本の世界遺産条約の締結とその後の世界遺産登録

1992年 6月19日	世界遺産条約締結を国会で承認。
1992年 6月26日	受諾の閣議決定。
1992年 6月30日	受諾書寄託、125番目*の世界遺産条約締約国となる。
	*現在は、旧ユーゴスラヴィアの解体によって、締約国リスト上では、124番目になっている。
1992年 9月30日	わが国について発効。
1992年10月	ユネスコに、奈良の寺院・神社、姫路城、日光の社寺、鎌倉の寺院・神社、法隆寺の仏教建造物、厳島神社、彦根城、琉球王国の城・遺産群、白川郷の集落、京都の社寺、白神山地、屋久島の12件の暫定リストを提出。
1993年12月	第17回世界遺産委員会カルタヘナ会議から世界遺産委員会委員国（任期6年）世界遺産リストに「法隆寺地域の仏教建造物」、「姫路城」、「屋久島」、「白神山地」の4件が登録される。
1994年11月	「世界文化遺産奈良コンファレンス」を奈良市で開催。「オーセンティシティに関する奈良ドキュメント」を採択。
1994年12月	世界遺産リストに「古都京都の文化財（京都市、宇治市、大津市）」が登録される。
1995年 9月	ユネスコの暫定リストに原爆ドームを追加。
1995年12月	世界遺産リストに「白川郷・五箇山の合掌造り集落」が登録される。
1996年12月	世界遺産リストに「広島の平和記念碑（原爆ドーム）」、「厳島神社」の2件が登録される。
1998年11月30日～12月 5日	第22回世界遺産委員会京都会議（議長：松浦晃一郎氏）
1998年12月	世界遺産リストに「古都奈良の文化財」が登録される。
1999年11月	松浦晃一郎氏が日本人として初めてユネスコ事務局長（第8代）に就任。
1999年12月	世界遺産リストに「日光の社寺」が登録される。
2000年5月18～21日	世界自然遺産会議・屋久島2000
2000年12月	世界遺産リストに「琉球王国のグスク及び関連遺産群」が登録される。
2001年 4月 6日	ユネスコの暫定リストに「平泉の文化遺産」、「紀伊山地の霊場と参詣道」、

ユネスコ世界遺産の概要

	「石見銀山遺跡」の3件を追加。
2001年 9月 5日 〜9月10日	アジア・太平洋地域における信仰の山の文化的景観に関する専門家会議を和歌山市で開催。
2002年 6月30日	世界遺産条約受諾10周年。
2003年12月	第27回世界遺産委員会マラケシュ会議から2回目の世界遺産委員会委員国(任期4年)
2004年 6月	文化財保護法の一部改正によって、新しい文化財保護の手法として「文化的景観」が新設され、「重要文化的景観」の選定がされるようになった。
2004年 7月	世界遺産リストに「紀伊山地の霊場と参詣道」が登録される。
2005年 7月	世界遺産リストに「知床」が登録される。
2005年10月15〜17日	第2回世界自然遺産会議　白神山地会議
2007年 1月30日	ユネスコの暫定リストに「富岡製糸場と絹産業遺産群」、「小笠原諸島」、「長崎の教会群とキリスト教関連遺産」、「飛鳥・藤原−古代日本の宮都と遺跡群」、「富士山」の5件を追加。
2007年 7月	世界遺産リストに「石見銀山遺跡とその文化的景観」が登録される。
2007年 9月14日	ユネスコの暫定リストに「国立西洋美術館本館」を追加。
2008年 6月	第32回世界遺産委員会ケベック・シティ会議で、「平泉−浄土思想を基調とする文化的景観−」の世界遺産リストへの登録の可否が審議され、わが国の世界遺産登録史上初めての「登録延期」となる。2011年の登録実現をめざす。
2009年 1月 5日	ユネスコの暫定リストに「北海道・北東北を中心とした縄文遺跡群」、「九州・山口の近代化産業遺産群」、「宗像・沖ノ島と関連遺産群」の3件を追加。
2009年 6月	第33回世界遺産委員会セビリア会議で、「ル・コルビジュエの建築と都市計画」(構成資産のひとつが「国立西洋美術館本館」)の世界遺産リストへの登録の可否が審議され、「情報照会」となる。
2009年10月1日〜2015年3月18日	国宝「姫路城」大天守、保存修理工事。
2010年 6月	ユネスコの暫定リストに「百舌鳥・古市古墳群」、「金を中心とする佐渡鉱山の遺産群」の2件を追加することを、文化審議会文化財分科会世界文化遺産特別委員会で決議。
2010年 7月	第34回世界遺産委員会ブラジリア会議で、「石見銀山遺跡とその文化的景観」の登録範囲の軽微な変更（442.4ha→529.17ha）がなされる。
2011年 6月	第35回世界遺産委員会パリ会議から3回目の世界遺産委員会委員国（任期4年）「小笠原諸島」、「平泉−仏国土（浄土）を表す建築・庭園及び考古学的遺跡群」の2件が登録される。「ル・コルビュジエの建築作品−近代建築運動への顕著な貢献−」（構成資産のひとつが「国立西洋美術館本館」）は、「登録延期」決議がなされる。
2012年 1月25日	日本政府は、世界遺産条約関係省庁連絡会議を開き、「富士山」（山梨県・静岡県）と「武家の古都・鎌倉」（神奈川県）を、2013年の世界文化遺産登録に向け、正式推薦することを決定。
2012年 7月12日	文化審議会の世界文化遺産特別委員会は、「富岡製糸場と絹産業遺産群」（群馬県）を2014年の世界文化遺産登録推薦候補とすること、それに、2011年に世界遺産リストに登録された「平泉」の登録範囲の拡大と登録遺産名の変更に伴い、追加する構成資産を世界遺産暫定リスト登録候補にすることを了承。
2012年11月6日〜8日	世界遺産条約採択40周年記念最終会合が、京都市の国立京都国際会館にて開催される。メインテーマ「世界遺産と持続可能な発展：地域社会の役割」
2013年 1月31日	世界遺産条約関係省庁連絡会議（外務省、文化庁、環境省、林野庁、水産庁、国土交通省、宮内庁で構成）において、世界遺産条約に基づくわが国の世界遺産暫定リストに、自然遺産として「奄美・琉球」を記載することを決定。 世界遺産暫定リスト記載の為に必要な書類をユネスコ世界遺産センターに提出。
2013年3月	ユネスコ、対象地域の絞り込みを求め、世界遺産暫定リストへの追加を保留。
2013年 4月30日	イコモス、「富士山」を「記載」、「武家の古都・鎌倉」は「不記載」を勧告。

ユネスコ世界遺産の概要

2013年 6月 4日	「武家の古都・鎌倉」について、世界遺産リスト記載推薦を取り下げることを決定。
2013年 6月22日	第37回世界遺産委員会プノンペン会議で、「富士山-信仰の対象と芸術の源泉」が登録される。
2013年 8月23日	文化審議会世界文化遺産・無形文化遺産部会及び世界文化遺産特別委員会で、「明治日本の産業革命遺産-九州・山口と関連遺産-」を2015年の世界遺産候補とすることを決定。
2014年 1月	「奄美・琉球」、世界遺産暫定リスト記載の為に必要な書類をユネスコ世界遺産センターに再提出。
2014年 6月21日	第38回世界遺産委員会ドーハ会議で、「富岡製糸場と絹産業遺産群」が登録される。
2014年 7月10日	文化審議会世界文化遺産・無形文化遺産部会及び世界文化遺産特別委員会で、「長崎の教会群とキリスト教関連遺産」を2016年の世界遺産候補とすることを決定。
2014年10月	奈良文書20周年記念会合（奈良県奈良市）において、「奈良+20」を採択。
2015年 5月 4日	イコモス、「明治日本の産業革命遺産-九州・山口と関連遺産-」について、「記載」を勧告。
2015年 7月 5日	第39回世界遺産委員会ボン会議で、「明治日本の産業革命遺産：製鉄・製鋼、造船、石炭産業」について、議長の差配により審議なしで登録が決議された後、日本及び韓国からステートメントが発せられた。
2015年 7月	第39回世界遺産委員会ボン会議で、「世界遺産条約履行の為の作業指針」が改訂され、アップストリーム・プロセス（登録推薦に際して、締約国が諮問機関や世界遺産センターに技術的支援を要請できる仕組み）が制度化された。
2015年 7月28日	文化審議会世界文化遺産・無形文化遺産部会で、「『神宿る島』宗像・沖ノ島と関連遺産群」を2017年の世界遺産候補とすることを決定。
2016年 1月	「紀伊山地の霊場と参詣道」の軽微な変更（「熊野参詣道」及び「高野参詣道」について、延長約41.1km、面積11.1haを追加）申請書をユネスコ世界遺産センターへ提出。（第40回世界遺産委員会イスタンブール会議において承認）
2016年 1月	「富士山-信仰の対象と芸術の源泉」の保全状況報告書をユネスコ世界遺産センターに提出。（2016年7月の第40回世界遺産委員会イスタンブール会議で審議）
2016年 2月 1日	「奄美大島、徳之島、沖縄島北部及び西表島」世界遺産暫定リストに記載。
2016年 2月	イコモスの中間報告において、「長崎の教会群とキリスト教関連遺産」について、「長崎の教会群」の世界遺産としての価値を、「禁教・潜伏期」に焦点をあてた内容に見直すべきとの評価が示され推薦を取下げ、修正後2018年の登録をめざす。
2016年 5月17日	フランスなどとの共同推薦の「ル・コルビュジエの建築作品-近代建築運動への顕著な貢献-」（日本の推薦物件は「国立西洋美術館」）、「登録記載」の勧告。
2016年 7月17日	第40回世界遺産委員会イスタンブール会議で、「ル・コルビュジエの建築作品-近代建築運動への顕著な貢献-」が登録される。（フランスなど7か国17資産）
2016年 7月25日	文化審議会において、「長崎の教会群とキリスト教関連遺産」を2018年の世界遺産候補とすることを決定。（→「長崎と天草地方の潜伏キリシタン関連遺産」）
2017年 1月20日	「奄美大島、徳之島、沖縄島北部及び西表島」ユネスコへ世界遺産登録推薦書を提出。
2017年 6月30日	世界遺産条約受諾25周年。
2017年 7月 8日	第41回世界遺産委員会クラクフ会議で、「『神宿る島』宗像・沖ノ島と関連遺産群」が登録される。（8つの構成資産すべて認められる）
2017年 7月31日	文化庁の文化審議会世界文化遺産部会で「百舌鳥・古市古墳群」を2019年の世界遺産推薦候補とすることを決定。9月に開催される世界遺産条約関係省庁連絡会議（政府の推薦決定）を経て国内の推薦が決まる。
2018年 7月19日	文化庁の文化審議会世界文化遺産部会で「北海道・北東北の縄文遺跡群」を2020年の世界遺産推薦候補とすることを決定。9月に開催される世界遺産条約関係省庁連絡会議（政府の推薦決定）を経て国内の推薦が決まる。

25 日本のユネスコ世界遺産

2019年2月現在、22物件（自然遺産 4物件、文化遺産18物件）が「世界遺産リスト」に登録されており、世界第12位である。

❶法隆寺地域の仏教建造物　　奈良県生駒郡斑鳩町
　　文化遺産(登録基準(i)(ii)(iv)(vi))　1993年
❷姫路城　　兵庫県姫路市本町　　文化遺産(登録基準(i)(iv))　1993年
❸白神山地　　青森県(西津軽郡鰺ヶ沢町、深浦町、中津軽郡西目屋村)
　　　　　　　秋田県(山本郡藤里町、八峰町、能代市)
　　自然遺産(登録基準(ix))　1993年
❹屋久島　　鹿児島県熊毛郡屋久島町　　自然遺産(登録基準(vii)(ix))　1993年
❺古都京都の文化財(京都市　宇治市　大津市)
　　京都府(京都市、宇治市)、滋賀県(大津市)
　　文化遺産(登録基準(ii)(iv))　1994年
❻白川郷・五箇山の合掌造り集落　　岐阜県(大野郡白川村)、富山県(南砺市)
　　文化遺産(登録基準(iv)(v))　1995年
❼広島の平和記念碑(原爆ドーム)　　広島県広島市中区大手町
　　文化遺産(登録基準(vi))　1996年
❽厳島神社　　広島県廿日市市宮島町　　文化遺産(登録基準(i)(ii)(iv)(vi))　1996年
❾古都奈良の文化財　　奈良県奈良市　　文化遺産(登録基準(ii)(iii)(iv)(vi))　1998年
❿日光の社寺　　栃木県日光市
　　文化遺産(登録基準(i)(iv)(vi))　1999年
⓫琉球王国のグスク及び関連遺産群
　　沖縄県(那覇市、うるま市、国頭郡今帰仁村、中頭郡読谷村、北中城村、中城村、南城市)
　　文化遺産(登録基準(ii)(iii)(vi))　2000年
⓬紀伊山地の霊場と参詣道
　　三重県(尾鷲市、熊野市、度会郡大紀町、北牟婁郡紀北町、南牟婁郡御浜町、紀宝町)
　　奈良県(吉野郡吉野町、黒滝村、天川村、野迫川村、十津川村、下北山村、上北山村、川上村)
　　和歌山県(新宮市、田辺市、橋本市、伊都郡かつらぎ町、九度山町、高野町、西牟婁郡白浜町、すさみ町、上富田町、東牟婁郡那智勝浦町、串本町)
　　文化遺産(登録基準(ii)(iii)(iv)(vi))　2004年／2016年
⓭知床　　北海道(斜里郡斜里町、目梨郡羅臼町)　　自然遺産(登録基準(ix)(x))　2005年
⓮石見銀山遺跡とその文化的景観　　島根県大田市
　　文化遺産（登録基準(ii)(iii)(v)）　2007年／2010年
⓯平泉－仏国土(浄土)を表す建築・庭園及び考古学的遺跡群
　　岩手県西磐井郡平泉町　　文化遺産(登録基準(ii)(vi))　2011年
⓰小笠原諸島　　東京都小笠原村　　自然遺産(登録基準(ix))　2011年
⓱富士山－信仰の対象と芸術の源泉
　　山梨県(富士吉田市、富士河口湖町、忍野村、山中湖村、鳴沢村)
　　静岡県(富士宮市、富士市、御殿場市、裾野市、小山町)
　　文化遺産（登録基準(iii)(vi)）　2013年
⓲富岡製糸場と絹産業遺産群　　群馬県(富岡市、藤岡市、伊勢崎市、下仁田町)
　　文化遺産(登録基準(ii)(iv))　2014年
⓳明治日本の産業革命遺産：製鉄・製鋼、造船、石炭産業
　　福岡県(北九州市、大牟田市、中間市)、佐賀県(佐賀市)、長崎県(長崎市)、熊本県(荒尾市、宇城市)、鹿児島県(鹿児島市)、山口県(萩市)、岩手県(釜石市)、静岡県(伊豆の国市)
　　文化遺産(登録基準(ii)(iv))　2015年

⑳ ル・コルビュジエの建築作品-近代建築運動への顕著な貢献-
　　フランス／スイス／ベルギー／ドイツ／インド／日本（東京都台東区）／アルゼンチン
　　文化遺産（登録基準(i)(ii)(vi)）　2016年
㉑「神宿る島」宗像・沖ノ島と関連遺産群　　福岡県（宗像市、福津市）
　　文化遺産（登録基準(ii)(iii)）　2017年
㉒ 長崎と天草地方の潜伏キリシタン関連遺産
　　長崎県（長崎市、佐世保市、平戸市、五島市、南島原市、小値賀町、新上五島町）、熊本県（天草市）
　　文化遺産（登録基準(ii)(iii)）　2018年

㉖ 日本の世界遺産暫定リスト記載物件

　世界遺産締約国は、世界遺産委員会から将来、世界遺産リストに登録する為の候補物件について、暫定リスト（Tentative List）の目録を提出することが求められている。わが国の暫定リスト記載物件は、次の8件である。

- 古都鎌倉の寺院・神社ほか（神奈川県　1992年暫定リスト記載）
  - 「武家の古都・鎌倉」2013年5月、「不記載」勧告。→登録推薦書類「取り下げ」
- 彦根城（滋賀県　1992年暫定リスト記載）
- 飛鳥・藤原-古代日本の宮都と遺跡群（奈良県　2007年暫定リスト記載）
- 北海道・北東北の縄文遺跡群（北海道、青森県、秋田県、岩手県　2009年暫定リスト記載）
- 百舌鳥・古市古墳群（大阪府　2010年暫定リスト記載）
  - →2019年の第43回世界遺産委員会で審議予定
- 金を中心とする佐渡鉱山の遺産群（新潟県　2010年暫定リスト記載）
- 平泉-仏国土（浄土）を表す建築・庭園及び考古学的遺跡群＜登録範囲の拡大＞
  （岩手県　2013年暫定リスト記載）
- 奄美大島、徳之島、沖縄島北部及び西表島（鹿児島県、沖縄県　2016年暫定リスト記載）

㉗ ユネスコ世界遺産の今後の課題

- 「世界遺産リスト」への登録物件の厳選、精選、代表性、信用（信頼）性の確保。
- 世界遺産委員会へ諮問する専門機関（IUCNとICOMOS）の勧告と世界遺産委員会の決議との乖離の是正。
- 行き過ぎたロビー活動を規制する為の規則を、オペレーショナル・ガイドラインズに反映することについての検討。
- 締約国と専門機関（IUCNとICOMOS）との対話の促進と手続きの透明性の確保。
- 同種、同類の登録物件の再編と統合。
  　例示：イグアス国立公園（アルゼンチンとブラジル）
  　　　　サンティアゴ・デ・コンポステーラへの巡礼道（スペインとフランス）
  　　　　スンダルバンス国立公園（インド）とサンダーバンズ（バングラデシュ）
  　　　　古代高句麗王国の首都群と古墳群（中国）と高句麗古墳群（北朝鮮）　など。
- 「世界遺産リスト」への登録物件の上限数の検討。
- 世界遺産の効果的な保護（Conservation）の確保。
- 世界遺産登録時の真正性（Authenticity）や完全性（Integrity）が損なわれた場合の世界遺産リストからの抹消。
- 類似物件、同一カテゴリーの物件との比較分析。→　暫定リストの充実
- 登録物件数の地域的不均衡（ヨーロッパ・北米偏重）の解消。
- 自然遺産と文化遺産の登録物件数の不均衡（文化遺産偏重）の解消。

- ●グローバル・ストラテジー(文化的景観、産業遺産、20世紀の建築等)の拡充。
- ●「文化的景観」、「歴史的町並みと街区」、「運河に関わる遺産」、「遺産としての道」など、特殊な遺産の世界遺産リストへの登録。
- ●危機にさらされている世界遺産（★【危機遺産】）への登録手続きの迅速化などの緊急措置。
- ●新規登録の選定作業よりも、既登録の世界遺産のモニタリングなど保全管理を重視し、危機遺産比率を下げていくことに注力していくことが必要。
- ●複数国にまたがるシリアル・ノミネーション(トランスバウンダリー・ノミネーション)の保全管理にあたって、全体の「顕著な普遍的価値」が損なわれないよう、構成資産のある当事国や所有管理者間のコミュニケーションを密にし、全体像の中での各構成資産の位置づけなどの解説や説明など全体管理を行なう組織が必要。
- ●インターネットからの現地情報の収集など実効性ある監視強化メカニズム（Reinforced Monitoring Mechanism)の運用。
- ●「気候変動が世界遺産に及ぼす影響」など地球環境問題への戦略的対応。
- ●世界遺産条約締約国が、世界遺産条約の理念や本旨を遵守しない場合の制裁措置等の検討。
- ●世界遺産条約をまだ締約していない国・地域(ソマリア、ブルンジ、ツバル、ナウル、リヒテンシュタイン)の条約締約の促進。
- ●世界遺産条約を締約しているが、まだ世界遺産登録のない26か国(ブルンディ、コモロ、ルワンダ、リベリア、シエラレオネ、スワジランド、ギニア・ビサウ、サントメ・プリンシペ、ジブチ、赤道ギニア、南スーダン、クウェート、モルジブ、ニウエ、サモア、ブータン、トンガ、クック諸島、ブルネイ、東ティモール、モナコ、ガイアナ、グレナダ、セントヴィンセントおよびグレナディーン諸島、トリニダード・トバコ、バハマ)からの最低1物件以上の世界遺産登録の促進。
- ●世界遺産条約を締約していない国・地域の世界遺産（なかでも★【危機遺産】）の取扱い。
- ●世界遺産条約を締約しているが、まだ世界遺産暫定リストを作成していない国(赤道ギニア、サントメ・プリンシペ、南スーダン、ブルネイ、クック諸島、ニウエ、東ティモール)への作成の促進。
- ●無形文化遺産保護条約、世界の記憶(Memory of the World)との連携。
- ●世界遺産から無形遺産も含めた地球遺産へ。
- ●世界遺産基金の充実と世界銀行など国際金融機関との連携。
- ●世界遺産を通じての国際交流と国際協力の促進。
- ●世界遺産地の博物館、美術館、情報センター、ビジターセンターなどのガイダンス施設の充実。
- ●国連「世界遺産のための国際デー」(11月16日)の制定。

28 ユネスコ世界遺産を通じての総合学習

- ●世界平和や地球環境の大切さ
- ●世界遺産の鑑賞とその価値（歴史性、芸術性、文化性、景観上、保存上、学術上など)
- ●地球の活動の歴史と生物多様性（地形・地質、生態系、自然景観、生物多様性など)
- ●人類の功績、所業、教訓（遺跡、建造物群、モニュメントなど)
- ●世界遺産の多様性（自然の多様性、文化の多様性)
- ●世界遺産地の民族、言語、宗教、地理、歴史、伝統、文化
- ●世界遺産の保護と地域社会の役割
- ●世界遺産と人間の生活や生業との関わり
- ●世界遺産を取り巻く脅威、危険、危機
- ●世界遺産の保護・保全・保存の大切さ
- ●世界遺産の利活用（教育、観光、地域づくり、まちづくり)
- ●国際理解、異文化理解
- ●世界遺産教育、世界遺産学習
- ●広い視野に立って物事を考えることの大切さ

- 郷土愛、郷土を誇りに思う気持ちの大切さ
- 人と人とのつながりや絆の大切さ
- 地域遺産を守っていくことの大切さ
- ヘリティッジ・ツーリズム、ライフ・ビヨンド・ツーリズム、カルチュラル・ツーリズム、エコ・ツーリズムなど

㉙ 今後の世界遺産委員会等の開催スケジュール

2019年6月30日〜7月10日　　第43回世界遺産委員会バクー会議
　　　　　　　　　　　　　　（審議対象物件：2018年2月1日までの登録申請分）

㉚ 世界遺産条約の将来

● 世界遺産の6つの将来目標

◎ 世界遺産の「顕著な普遍的価値」（OUV）の維持
◎ 信用性のある世界で最も顕著な文化・自然遺産の選定である世界遺産リスト
◎ 現在と将来の環境的、社会的、経済的なニーズを考慮した遺産の保護と保全
◎ 世界遺産のブランドの質の維持・向上
◎ 世界遺産委員会の政策と戦略的重要事項の表明
◎ 定例会合での決議事項の周知と効果的な履行

● 世界遺産条約履行の為の戦略的行動計画　2012年〜2022年

◎ 信用性、代表性、均衡性のある「世界遺産リスト」の為のグローバル戦略の履行と
　自発的な保全へ取組みとの連携（PACT＝世界遺産パートナー・イニシアティブ）に関する
　ユネスコの外部監査による独立的評価
◎ 世界遺産の人材育成戦略
◎ 災害危険の軽減戦略
◎ 世界遺産地の気候変動のインパクトに関する政策
◎ 下記のテーマに関する専門家グループ会合開催の推奨
　○ 世界遺産の保全への取組み
　○ 世界遺産条約の委員会等組織での意思決定の手続き
　○ 世界遺産委員会での登録可否の検討に先立つ前段プロセス（早い段階での諮問機関の
　　ICOMOSやIUCNの改善の対話等、アップストリーム・プロセスの明文化）の改善
　○ 世界遺産条約における保全と持続可能な発展との関係

＜出所＞2011年第18回世界遺産条約締約国パリ総会での決議事項に拠る。

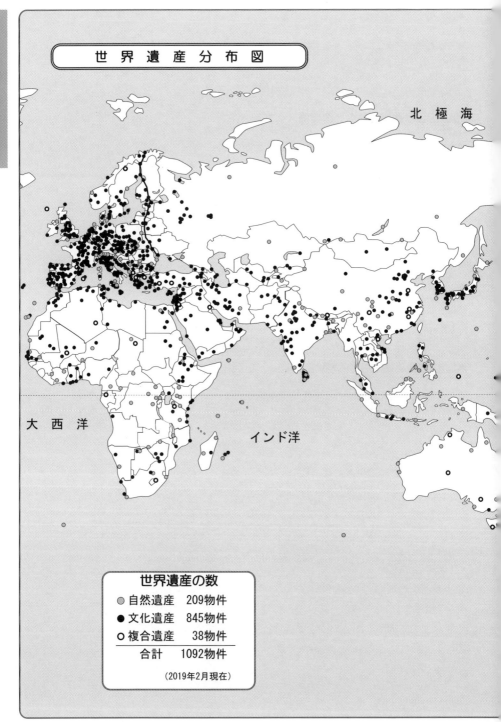

世界遺産ガイド－仏教関連遺産編－

ユネスコ世界遺産の概要

シンクタンクせとうち総合研究機構

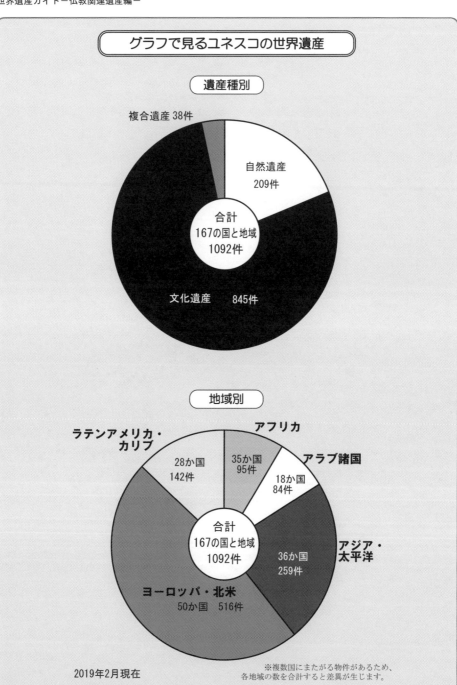

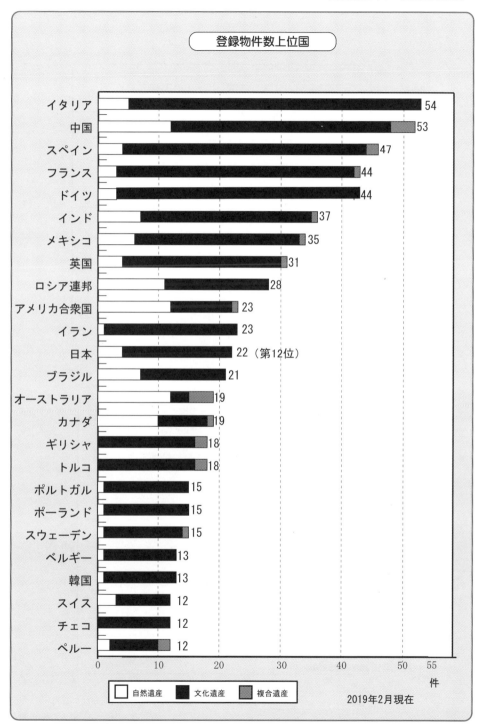

世界遺産ガイド－仏教関連遺産編－

ユネスコ世界遺産の概要

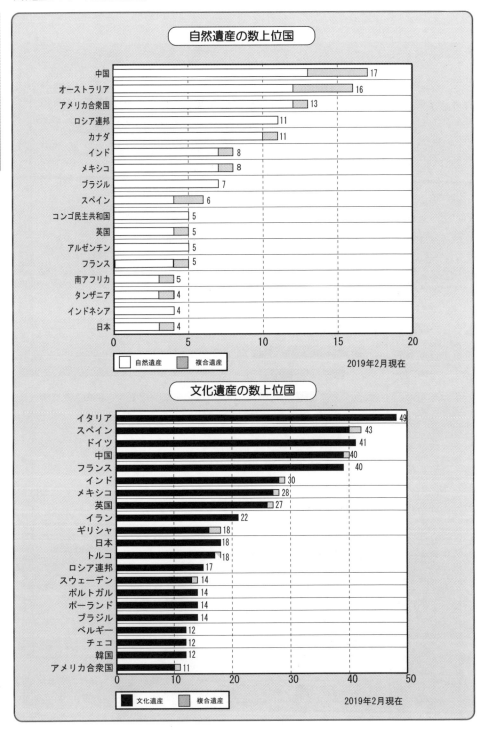

世界遺産ガイド－仏教関連遺産編－

ユネスコ世界遺産の概要

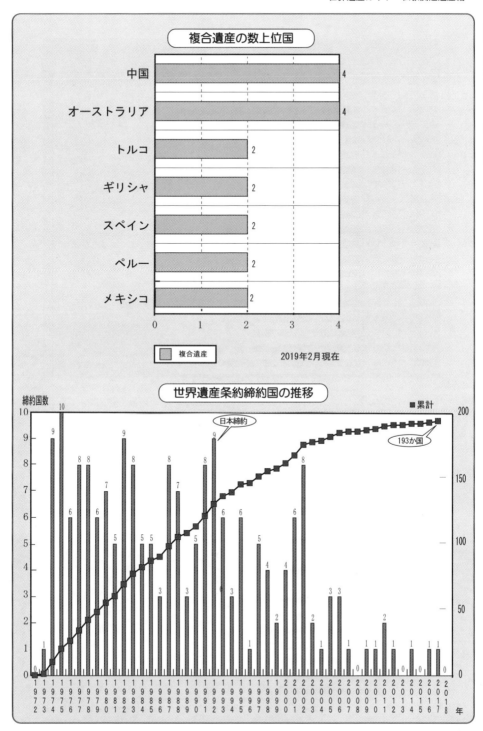

世界遺産ガイド－仏教関連遺産編－

ユネスコ世界遺産の概要

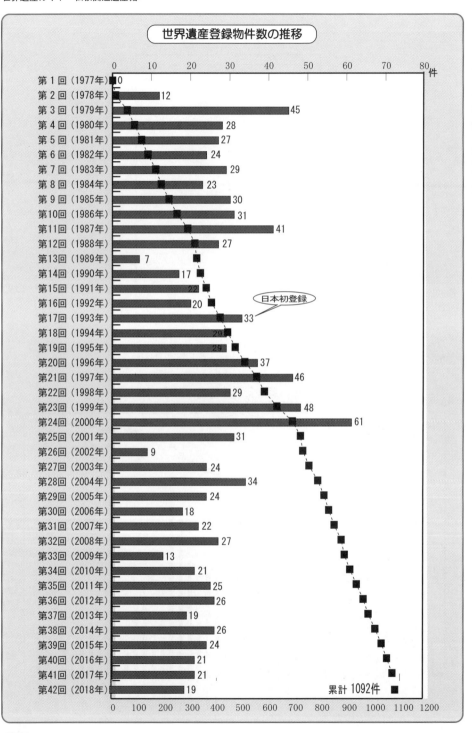

40　シンクタンクせとうち総合研究機構

世界遺産ガイドー仏教関連遺産編一

世界遺産と危機遺産の数の推移と比率

年	登録物件数	危機遺産数	割合
1977年	0	0	0%
1978年	12	0	0%
1979年	57	1	1.75%
1980年	85	1	1.18%
1981年	112	1	0.89%
1982年	136	2	1.47%
1983年	165	2	1.21%
1984年	186	5	2.69%
1985年	216	6	2.78%
1986年	247	7	2.83%
1987年	288	7	2.43%
1988年	315	7	2.22%
1989年	322	7	2.17%
1990年	336	8	2.38%
1991年	358	10	2.79%
1992年	378	15	3.97%
1993年	411	16	3.89%
1994年	440	17	3.86%
1995年	469	18	3.84%
1996年	506	22	4.35%
1997年	552	25	4.53%
1998年	582	23	3.95%
1999年	630	27	4.29%
2000年	690	30	4.35%
2001年	721	31	4.30%
2002年	730	33	4.52%
2003年	754	35	4.64%
2004年	788	35	4.44%
2005年	812	34	4.19%
2006年	830	31	3.73%
2007年	851	30	3.53%
2008年	878	30	3.42%
2009年	890	31	3.48%
2010年	911	34	3.73%
2011年	936	35	3.74%
2012年	962	38	3.95%
2013年	981	44	4.49%
2014年	1007	46	4.57%
2015年	1031	48	4.66%
2016年	1052	55	5.23%
2017年	1073	54	5.03%
2018年	1092	54	4.95%

登録物件数（危機遺産数　割合）

ユネスコ世界遺産の概要

シンクタンクせとうち総合研究機構

世界遺産委員会別登録物件数の内訳

回次	開催年	登録物件数 自然	登録物件数 文化	登録物件数 複合	合計	登録物件数（累計）自然	登録物件数（累計）文化	登録物件数（累計）複合	累計	備考
第1回	1977年	0	0	0	0	0	0	0	0	①オフリッド湖〈自然遺産〉
第2回	1978年	4	8	0	12	4	8	0	12	（マケドニア*1979年登録）
第3回	1979年	10	34	1	45	14	42	1	57	→文化遺産加わり複合遺産に
第4回	1980年	6	23	0	29	19①	65	2①	86	*当時の国名はユーゴスラヴィア
第5回	1981年	9	15	2	26	28	80	4	112	②バージェス・シェル遺跡〈自然遺産〉
第6回	1982年	5	17	2	24	33	97	6	136	（カナダ1980年登録）
第7回	1983年	9	19	1	29	42	116	7	165	→「カナディアンロッキー山脈公園」として再登録。上記物件を統合
第8回	1984年	7	16	0	23	48②	131③	7	186	③グアラニー人のイエズス会伝道所〈文化遺産〉（ブラジル1983年登録）
第9回	1985年	4	25	1	30	52	156	8	216	→アルゼンチンにある物件が登録され、1物件とみなされることに
第10回	1986年	8	23	0	31	60	179	8	247	④ウエストランド、マウント・クック国立公園〈自然遺産〉
第11回	1987年	8	32	1	41	68	211	9	288	フィヨルドランド国立公園〈自然遺産〉
第12回	1988年	5	19	3	27	73	230	12	315	（ニュージーランド1986年登録）
第13回	1989年	2	4	1	7	75	234	13	322	→「テ・ワヒポナム」として再登録。上記2物件を統合し1物件に
第14回	1990年	5	11	1	17	77④	245	14	336	④タラマンカ地方ラ・アミスタッド保護区群〈自然遺産〉
第15回	1991年	6	16	0	22	83	261	14	358	（コスタリカ1983年登録）
第16回	1992年	4	16	0	20	86⑤	277	15⑤	378	→パナマのラ・アミスタッド国立公園を加え再登録。
第17回	1993年	4	29	0	33	89⑥	306	16⑥	411	上記物件を統合し1物件に
第18回	1994年	8	21	0	29	96⑦	327	17⑦	440	
第19回	1995年	6	23	0	29	102	350	17	469	⑤リオ・アビセオ国立公園〈自然遺産〉
第20回	1996年	5	30	2	37	107	380	19	506	（ペルー）
第21回	1997年	7	38	1	46	114	418	20	552	→文化遺産加わり複合遺産に
第22回	1998年	3	27	0	30	117	445	20	582	⑥トンガリロ国立公園〈自然遺産〉
第23回	1999年	11	35	2	48	128	480	22	630	（ニュージーランド） →文化遺産加わり複合遺産に
第24回	2000年	10	50	1	61	138	529⑧	23	690	⑦ウルル・カタ・ジュタ国立公園〈自然遺産〉（オーストラリア）→文化遺産加わり複合遺産に
第25回	2001年	6	25	0	31	144	554	23	721	
第26回	2002年	0	9	0	9	144	563	23	730	⑧シャンボール城〈文化遺産〉（フランス1981年登録）
第27回	2003年	5	19	0	24	149	582	23	754	→「シュリー・シュルロワールとシャロンヌの間のロワール渓谷」として再登録。上記物件を統合
第28回	2004年	5	29	0	34	154	611	23	788	
第29回	2005年	7	17	0	24	160⑨	628	24⑨	812	
第30回	2006年	2	16	0	18	162	644	24	830	
第31回	2007年	5	16	1	22	166⑩	660	25	851	
第32回	2008年	8	19	0	27	174	679	25	878	⑨セント・キルダ〈自然遺産〉（イギリス1986年登録）
第33回	2009年	2	11	0	13	176	689⑪	25	890	→文化遺産加わり複合遺産に
第34回	2010年	5	15	1	21	180⑫	704	27⑫	911	⑩アラビアン・オリックス保護区〈自然遺産〉（オマーン1994年登録）→登録抹消
第35回	2011年	3	21	1	25	183	725	28	936	
第36回	2012年	5	20	1	26	188	745	29	962	⑪ドレスデンのエルベ渓谷〈文化遺産〉（ドイツ2004年登録）→登録抹消
第37回	2013年	5	14	0	19	193	759	29	981	
第38回	2014年	4	21	1	26	197	779⑬	31⑬	1007	⑫ンゴロンゴロ保全地域〈自然遺産〉（タンザニア1978年登録）→文化遺産加わり複合遺産に
第39回	2015年	0	23	1	24	197	802	32	1031	⑬カラクムルのマヤ都市〈文化遺産〉（メキシコ2002年登録）
第40回	2016年	6	12	3	21	203	814	35	1052	→自然遺産加わり複合遺産に
第41回	2017年	3	18	0	21	206	832	35	1073	
第42回	2018年	3	13	3	19	209	845	38	1092	

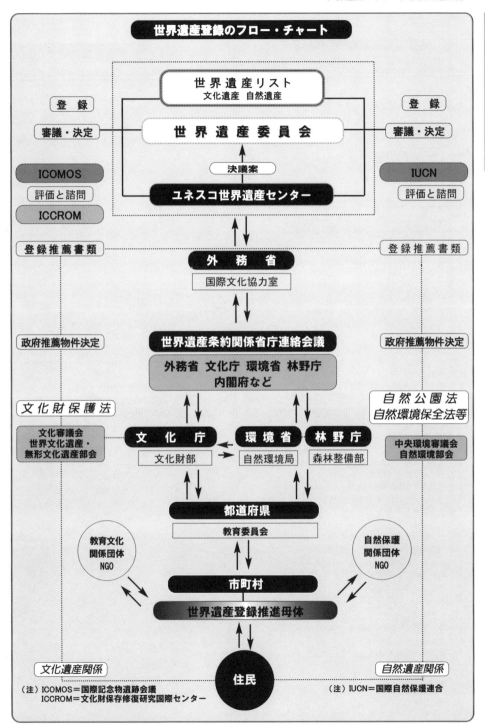

ユネスコ世界遺産の概要

登録範囲

コア・ゾーン（推薦資産）
登録推薦資産を効果的に保護するために明確に設定された境界線。

境界線の設定は、資産の「顕著な普遍的価値」及び完全性及び真正性が十分に表現されることを保証するように行われなければならない。

＿＿＿＿＿＿ ha

- 文化財保護法
  国の史跡指定
  国の重要文化的景観指定など
- 自然公園法
  国立公園、国定公園
- 都市計画法
  国営公園

バッファー・ゾーン（緩衝地帯）
推薦資産の効果的な保護を目的として、推薦資産を取り囲む地域に、法的または慣習的手法により補完的な利用・開発規制を敷くことにより設けられるもうひとつの保護の網。推薦資産の直接のセッティング（周辺の環境）、重要な景色やその他資産の保護を支える重要な機能をもつ地域または特性が含まれるべきである。

＿＿＿＿＿＿ ha

- 景観条例
- 環境保全条例

担保条件

長期的な保存管理計画
登録推薦資産の現在及び未来にわたる効果的な保護を担保するために、各資産について、資産の「顕著な普遍的価値」をどのように保全すべきか（参加型手法を用いることが望ましい）について明示した適切な管理計画のこと。どのような管理体制が効果的かは、登録推薦資産のタイプ、特性、ニーズや当該資産が置かれた文化、自然面での文脈によっても異なる。管理体制の形は、文化的視点、資源量その他の要因によって、様々な形式をとり得る。伝統的手法、既存の都市計画や地域計画の手法、その他の計画手法が使われることが考えられる。

- 管理主体
- 管理体制
- 管理計画

- 記録・保存・継承
- 公開・活用（教育、観光、まちづくり）

- 地域計画、都市計画
- 協働のまちづくり

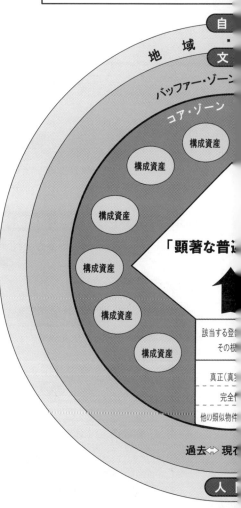

世界遺産登録と「顕著な普遍

顕著な普遍的価値（Outsta

国家間の境界を超越し、人類全体にとって現代及
文化的な意義及び/又は自然的な価値を意味する
国際社会全体にとって最高水準の重要性を有する

ローカル ⇨ リージョナル ⇨ ナショナ

登録遺産名：○○○○○○○○○
日本語表記：○○○○○○○○○
位置（経緯度）：北緯○○度○○分　東経○
登録遺産の説明と概要：○○○○○○○
　　　　　　　　　　○○○○○○○○

世界遺産ガイド―仏教関連遺産編―

「　」の考え方について

sal Value＝OUV)

た重要性をもつような、傑出した
な遺産を恒久的に保護することは

ョナル ⇔ グローバル

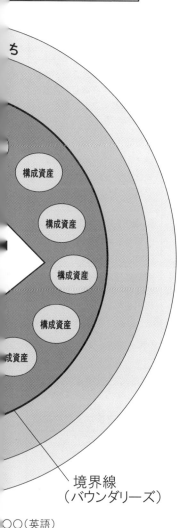

境界線
（バウンダリーズ）

○○（英語）
○○○○
○○○○○○○○
○○○○○

必要十分条件の証明

登録基準（クライテリア）

(i) 人類の創造的天才の傑作を表現するもの。
→**人類の創造的天才の傑作**

(ii) ある期間を通じて、または、ある文化圏において、建築、技術、記念碑的芸術、町並み計画、景観デザインの発展に関し、人類の価値の重要な交流を示すもの。
→**人類の価値の重要な交流を示すもの**

(iii) 現存する、または、消滅した文化的伝統、または、文明の、唯一の、または、少なくとも稀な証拠となるもの。
→**文化的伝統、文明の稀な証拠**

(iv) 人類の歴史上重要な時代を例証する、ある形式の建造物、建築物群、技術の集積、または、景観の顕著な例。
→**歴史上、重要な時代を例証する優れた例**

(v) 特に、回復困難な変化の影響下で損傷されやすい状態にある場合における、ある文化（または、複数の文化）、或は、環境と人間との相互作用、を代表する伝統的集落、または、土地利用の顕著な例。
→**存続が危ぶまれている伝統的集落、土地利用の際立つ例**

(vi) 顕著な普遍的な意義を有する出来事、現存する伝統、思想、信仰、または、芸術的、文学的作品と、直接に、または、明白に関連するもの。
→**普遍的出来事、伝統、思想、信仰、芸術、文学作品と関連するもの**

(vii) もっともすばらしい自然現象、または、ひときわすぐれた自然美をもつ地域、及び、美的な重要性を含むもの。→**自然景観**

(viii) 地球の歴史上の主要な段階を示す顕著な見本であるもの。これには、生物の記録、地形の発達における重要な地学的進行過程、或は、重要な地形的、または、自然地理的特性などが含まれる。
→**地形・地質**

(ix) 陸上、淡水、沿岸、及び、海洋生態系と動植物群集の進化と発達において、進行しつつある重要な生態学的、生物学的プロセスを示す顕著な見本であるもの。→**生態系**

(x) 生物多様性の本来的な保全にとって、もっとも重要かつ意義深い自然生息地を含んでいるもの。これには、科学上、または、保全上の観点から、普遍的価値をもつ絶滅の恐れのある種が存在するものを含む。
→**生物多様性**

※上記の登録基準(i)～(x)のうち、一つ以上の登録基準を満たすと共に、それぞれの根拠となる説明が必要。

真正（真実）性（オーセンティシティ）

文化遺産の種類、その文化的文脈によって一様ではないが、資産の文化的価値（上記の登録基準）が、下に示すような多様な属性における表現において真実かつ信用性を有する場合に、真正性の条件を満たしていると考えられ得る。
○形状、意匠
○材料、材質
○用途、機能
○伝統、技能、管理体制
○位置、セッティング（周辺の環境）
○言語その他の無形遺産
○精神、感性
○その他の内部要素、外部要素

完全性（インテグリティ）

自然遺産及び文化遺産とそれらの特質のすべてが無傷で包含されている度合を測るためのものさしである。従って、完全性の条件を調べるためには、当該資産が以下の条件をどの程度満たしているかを評価する必要がある。
a)「顕著な普遍的価値」が発揮されるのに必要な要素（構成資産）がすべて含まれているか。
b) 当該物件の重要性を示す特徴を不足なく代表するために適切な大きさが確保されているか。
c) 開発及び管理放棄による負の影響を受けていないか。

他の類似物件との比較

当該物件を、国内外の類似の世界遺産、その他の物件と比較した比較分析を行わなければならない。比較分析では、当該物件の国内での重要性及び国際的な重要性について説明しなければならない。

Ⓒ 世界遺産総合研究所

45

世界遺産、世界無形文化遺産、世界の記憶の違い

	世界遺産	世界無形文化遺産	世界の記憶
準拠	世界の文化遺産および自然遺産の保護に関する条約（略称：世界遺産条約）	無形文化遺産の保護に関する条約（略称：無形文化遺産保護条約）	メモリー・オブ・ザ・ワールド・プログラム（略称：MOW）＊条約ではない
採択・開始	1972年	2003年	1992年
目的	かけがえのない遺産をあらゆる脅威や危険から守る為に、その重要性を広く世界に呼びかけ、保護・保全の為の国際協力を推進する。	グローバル化により失われつつある多様な文化を守るため、無形文化遺産尊重の意識を向上させ、その保護に関する国際協力を促進する。	人類の歴史的な文書や記録など、忘却してはならない貴重な記録遺産を登録し、最新のデジタル技術などで保存し、広く公開する。
対象	有形の不動産（文化遺産、自然遺産）	文化の表現形態 ・口承及び表現 ・芸能 ・社会的慣習、儀式及び祭礼行事 ・自然及び万物に関する知識及び慣習 ・伝統工芸技術	・文書類（手稿、写本、書籍等） ・非文書類（映画、音楽、地図等） ・視聴覚類（映画、写真、ディスク等） ・その他　記念碑、碑文など
登録申請	各締約国（193か国）2019年2月現在	各締約国（178か国）2019年2月現在	国、地方自治体、団体、個人など
審議機関	世界遺産委員会（委員国21か国）	無形文化遺産委員会（委員国24か国）	ユネスコ事務局長 国際諮問委員会
審査評価機関	NGOの専門機関（ICOMOS, ICCROM, IUCN） 現地調査と書類審査	無形文化遺産委員会の評価機関 6つの専門機関と6人の専門家で構成	国際諮問委員会の補助機関　登録分科会 専門機関 (IFLA, ICA, ICAAA, ICOMなどのNGO)
リスト	世界遺産リスト　（1092件）	人類の無形文化遺産の代表的なリスト（略称：代表リスト）（430件）	世界の記憶リスト　（427件）
登録基準	必要条件：10の基準のうち、1つ以上を完全に満たすこと。 顕著な普遍的価値	必要条件：5つの基準を全て満たすこと。 コミュニティへの社会的役割と文化的な意味	必要条件：5つの基準のうち、1つ以上の世界的な重要性を満たすこと。 世界史上重要な文書や記録
危機リスト	危機にさらされている世界遺産リスト（略称：危機遺産リスト）（54件）	緊急に保護する必要がある無形文化遺産のリスト（略称：緊急保護リスト）（59件）	－
基金	世界遺産基金	無形文化遺産保護基金	世界の記憶基金
事務局	ユネスコ世界遺産センター	ユネスコ文化局無形遺産課	ユネスコ情報・コミュニケーション局知識社会部ユニバーサルアクセス・保存課
指針	オペレーショナル・ガイドラインズ（世界遺産条約履行の為の作業指針）	オペレーショナル・ディレクティブス（無形文化遺産保護条約履行の為の運用指示書）	ジェネラル・ガイドラインズ（記録遺産保護の為の一般指針）
日本の窓口	外務省、文化庁記念物課 環境省、林野庁	外務省、文化庁伝統文化課	文部科学省 日本ユネスコ国内委員会

仏教関連の世界遺産　概説

ボロブドール寺院遺跡群
(Borobudur Temple Compounds)
インドネシア

概説

　本書の「世界遺産ガイド」のシリーズでは、2003年6月に「宗教建築物編」を取りあげましたが、本書では、「仏教関連遺産」を取り上げました。ユネスコ（国際連合教育科学文化機関）の「世界遺産リスト」には、世界の167の国と地域に分布する1092件（2019年2月現在）の多様な文化遺産や自然遺産が登録されています。世界のキリスト教、イスラム教、仏教など宗教関連遺産も数多く登録されていますが、本書では、世界三大仏教遺跡などアフガニスタン、ネパール、インド、バングラデシュ、パキスタン、スリランカ、インドネシア、タイ、カンボジア、ミャンマー、中国、韓国、日本に分布する約40の「仏教」関連の「世界遺産」を特集します。

　世界には、195の国と地域があり、人種、民族、言語、宗教、思想、慣習もいろいろです。世界の宗教もキリスト教、イスラム教、ヒンドゥー教、仏教、儒教、道教、ユダヤ教、神道など多様です。

　世界の歴史と文化をひもとくなかで、「仏教」など宗教の果たしてきた役割、また、宗教も多様であることを認識し、その違いや異なる文化の理解にも役立つものでありたいと思います。宗教がそれぞれの国の歴史や文化の成り立ちを考察するなかで、きわめて重大な影響力をもってきたことは否定できません。

　「世界遺産」に登録された「仏教関連遺産」を訪ねたり調べたりすると、過去から現在へ脈々と引き継がれてきた歴史と伝統、宗教に対する人々の熱意が伝わってきます。「世界遺産」に登録されている文化遺産のうち、「仏教関連遺産」そのもの、或は、旧市街や歴史地区などで「仏教関連遺産」が含まれるものが数多くあります。それは、遺跡であったり、建造物群であったり、モニュメントであったり、その形態は様々です。

　また、周辺のかけがえのない自然環境と共に「複合遺産」になっているもの、或は、人間と自然との共同作品ともいえる「文化的景観」の中に寺院などの「仏教関連遺産」が含まれているものも数多くあります。

　一方、非常に残念なことですが、宗教間、或は、宗派間のトラブルから戦争や紛争になっている事例もあり、貴重な文化財が数多く失われたり、危機にさらされています。また、本来、守っていかなければならない「世界遺産」が観光遺産に変貌し、旅行者が「世界遺産」を破壊するなどのトラブルが数多く起こっているともいわれています。

　「世界遺産」の登録要件の一つとして、恒久的な保護管理措置がなされているかどうかが問われています。「仏教関連遺産」の場合、それが、他のものと異なる点は、それが、信仰の対象である限り、一般人とは異なる信者がそこにおり、単に観光や鑑賞の対象物ではないことを認識しなければなりません。

　「仏教」（Buddhism）は、インドの釈迦（ゴータマ・シッダッタ、もしくはガウタマ・シッダールタ、ゴータマ・シッダールタ）を開祖とする宗教で、キリスト教、イスラム教と並んで、世界三大宗教の一つです。

　紀元前450年ごろに、インドで開始された「仏教」は、今では初期仏教として研究されています。釈迦は、他の苦行などの実践者の主張である「真我」の存在を否定して「無我」としました。

　釈迦が入滅（死）の直前に自ら指定したという釈迦の生涯の重要な事跡で、生誕所である「ルンビニー」（1997年世界遺産登録）、成道（悟り）所である「ブッダガヤ」（2002年世界遺産登録）、初転法輪（初説法）所である「サールナート」、涅槃（入滅）所である「クシーナガラ」は、仏教四大聖地とされています。

　釈迦の死後数百年で部派仏教が生まれ、大きく大衆部と上座部とに、さらに細かく分かれましたが、今なお大きな勢力として続いているのは南伝した「上座部仏教」（小乗仏教）であり、初期の教えを模範としています。

　紀元前の終わりごろには中央アジアなどに北伝し日本にも伝わることになる「大乗仏教」が開

始され、教義や団体は多彩に発展しており、禅の瞑想法の様々、チベットや日本の真言宗に残る密教、一方で浄土信仰のような信仰形態の変化など多様です。なお、「日本書紀」によると、仏教が日本に伝来したのは飛鳥時代552年（欽明天皇13年）とされています。

世界で最も仏教徒率の高い国は、カンボジア、タイ、ミャンマー（旧ビルマ）、ブータン（「世界遺産」の登録物件無し）、スリランカ、ラオス、モンゴル、日本などです。カンボジアやタイでは仏教徒は人口の90％以上を占め、そのほかにミャンマーやラオスでも仏教徒は高い比率を示しており、東南アジア大陸部においては「仏教」が最も重要な宗教となっています。

これらの国々では「上座部仏教」が主に信仰されています。また、「上座部仏教」の発祥の地である南アジアにおいては、インドでは「仏教」は衰退したものの、ブータンやスリランカなどでは仏教徒は高い比率を示しています。スリランカでは「仏教」は主に南部に居住し人口の3分の2を占めるシンハラ人によって信仰されており、北部に居住しヒンドゥー教を信仰するタミル人との間には宗教的な対立が存在しています。

「大乗仏教」は、東アジアで広く信仰され、信徒数は「上座部仏教」よりもはるかに多いものの、国家における人口比ではそれほど高くはない国がほとんどです。「大乗仏教」の国で最も信徒比率が高い国はブータンであり、チベット仏教の一派であるカギュ派が国教の地位にあり、広く信仰されています。チベット仏教は、モンゴルにおいても広く信仰されています。

東アジアにおいてもっとも信徒比率が高い「大乗仏教」の国はモンゴルおよび日本ですが、日本においては、国民の独特な宗教観の為、統計によっては信徒数が非常に大きく異なります。

日本には、約7万5000の寺院、30万体以上の仏像が存在すると言われています。世界最古の木造寺院である「法隆寺」（1993年世界遺産登録）があり、最古の仏典古文書も日本に存在します。日本は約8500万人の仏教徒がいるとされています。一方、現代の日本人は特定の信仰宗教、宗教観を持っておらず、自らを仏教徒と強く意識する機会が少ない人も多い。

文化庁による「宗教年鑑」などの統計によると、現在の日本の仏教徒の大半はいわゆる「鎌倉仏教」に属しています。「浄土宗系」（浄土真宗）の宗派と「日蓮宗系」の宗派が特に大きな割合を占めており、「大乗仏教」が特に多いと言えます。

日本の「仏教」には数多くの様々な宗派が存在しています。十八宗と呼ばれる18の宗派は、三論宗、法相宗、華厳宗、律宗、倶舎宗、成実宗、天台宗、真言宗、融通念仏宗、浄土宗、臨済宗、曹洞宗、浄土真宗、日蓮宗、時宗、普化宗、黄檗宗、修験宗です。

わが国のユネスコの「世界遺産」についても、「法隆寺地域の仏教建造物」（1993年世界遺産登録）、「古都京都の文化財(京都市　宇治市　大津市)」（1994年世界遺産登録）、「古都奈良の文化財」（1998年世界遺産登録）、「日光の社寺」（1999年世界遺産登録）、「平泉―仏国土(浄土)を表す建築・庭園及び考古学的遺跡群―」（2011年世界遺産登録）の様に、仏教との関わりが深いものがあります。

先行き不透明で、何を信じて良いのか不安な時代、現代人の多くが、精神的な拠りどころを模索し、信仰、祈りの対象も多様化すると共に宗教の果たす役割は、今後、ますます、重要になることでしょう。

本書は、「世界遺産」のなかで仏教関連の遺産はいくつくらいあるの？」という疑問にこたえる為に特集したものです。「仏教」は、日本人にとって、身近な宗教です。機会があればアジア地域に分布するこれらの仏教関連遺産を訪ねる旅の際の参考書になれば幸甚です。

2019年2月28日　　　　　　　　　　世界遺産総合研究所　　古田陽久

仏教関連の世界遺産

アンコール （Angkor）
カンボジア

バーミヤン盆地の文化的景観と考古学遺跡

英語名	Cultural Landscape and Archaeological Remains of the Bamiyan Valley
遺産種別	文化遺産
登録基準	(i) 人類の創造的天才の傑作を表現するもの。 (ii) ある期間を通じて、または、ある文化圏において、建築、技術、記念碑的芸術、町並み計画、景観デザインの発展に関し、人類の価値の重要な交流を示すもの。 (iii) 現存する、または、消滅した文化的伝統、または、文明の、唯一の、または、少なくとも稀な証拠となるもの。 (iv) 人類の歴史上重要な時代を例証する、ある形式の建造物、建築物群、技術の集積、または、景観の顕著な例。 (vi) 顕著な普遍的な意義を有する出来事、現存する伝統、思想、信仰、または、芸術的、文学的作品と、直接に、または、明白に関連するもの。
登録年月	2003年7月（第27回世界遺産委員会パリ会議） 2003年7月（第27回世界遺産委員会パリ会議）★【危機遺産】
登録遺産の面積	158.9265ha　バッファー・ゾーン　341.95ha
登録遺産の概要	バーミヤン盆地の文化的景観と考古学遺跡は、首都カブールの西120km、バーミヤン州バーミヤン地区のバーミヤン川上流のバーミヤンにある。世界遺産の登録面積は、コア・ゾーンが158.93ha、バッファー・ゾーンが341.95haである。バーミヤン盆地の考古学遺跡は、1～13世紀に芸術的、宗教的な発展を遂げた古代バクトリアの遺跡である。1000もの石窟が発見されているが、中でも高さ55mと38mの2つの巨大仏像がよく知られていた。2つの仏像は岩を穿って掘り出されたもので、内部空間には壁画が残されている。仏像の顔面や腕は後の時代に削り取られてしまい、足元も劣化している。2001年3月に、タリバーンによって、悲劇的な破壊が行われた。崩壊、劣化、略奪、盗掘などのおそれがあるため、2003年に「世界遺産リスト」登録されると同時に、「危機にさらされている世界遺産」に登録された。
分類	遺跡、シリアル・ノミネーション、文化的景観
物件所在国	アフガニスタン（Afghanistan）
物件所在地	バーミヤン州バーミヤン地区（Bamiyan Province, Bamiyan District）
構成資産	□Bamiyan Cliff including niches of the 38 meter Buddha, seated Buddhas, 55 meter Buddha and surrounding caves　□Kakrak Valley caves including the niche of the standing Buddha　□Qoul-I Akram Caves in the Fuladi Valley　□Kalai Ghamai Caves in the Fuladi Valley　Afghanistan □Shahr-i-Zuhak　□Qallay Kaphari A　□Qallay Kaphari B　□Shahr-i-Ghulghulah
危険や脅威	崩壊、劣化、略奪、盗掘
備考	1～13世紀に芸術的、宗教的な発展を遂げた古代バクトリアの遺跡
参考URL	ユネスコ世界遺産センター　http://whc.unesco.org/en/list/208

世界遺産ガイド−仏教関連遺産編−

バーミヤン盆地の文化的景観と考古学遺跡

北緯34度50分 東経67度49分

交通アクセス　●カブールからバーミアン空港まで飛行時間約30分。
　　　　　　　（但し、一般・観光客は空路は利用できない）

仏教関連の世界遺産

シンクタンクせとうち総合研究機構

釈迦生誕地ルンビニー

英語名	Lumbini, the Birthplace of the Lord Buddha
遺産種別	文化遺産
登録基準	(iii) 現存する、または、消滅した文化的伝統、または、文明の、唯一の、または、少なくとも稀な証拠となるもの。 (vi) 顕著な普遍的な意義を有する出来事、現存する伝統、思想、信仰、または、芸術的、文学的作品と、直接に、または、明白に関連するもの。
登録年月	1997年12月 (第21回世界遺産委員会ナポリ会議)
登録遺産の面積	1.95ha　バッファー・ゾーン　22.78ha

登録遺産の概要　釈迦生誕地ルンビニーは、カトマンズの南西250kmのヒマラヤ山麓のタライ高原にある。仏教の開祖ガウタマ・シッダールタ（尊称は仏陀、釈迦牟尼）は、紀元前623年に、カピラバストのスッドーダナ王を父にマヤ（摩耶）夫人を母としてルンビニーに生を受けた。その生誕地は世界中の仏教徒の巡礼地。紀元前250年にここを巡礼したインドのマウリヤ朝のアショーカ王（在位紀元前268頃〜紀元前232年頃）が建てた仏陀の生誕地を示す石柱、マヤ夫人が出産後に沐浴したといわれるプシュカーリ池、仏陀の誕生を描いた石像が残されているマヤ・デビ寺院、マヤ・デビの像などの遺跡が菩堤樹の沙羅樹の下に残る。ルンビニーは、インドのブッタガヤ、サルナート、クシナガラと共に仏教の4大聖地の一つとして、今も巡礼者で賑わっている。

分類	遺跡
物件所在国	ネパール王国（Kingdom of Nepal）
物件所在地	西部開発地域ルンビニ県ルーパンデヒ郡 (Lumbini Zone, Rupandehi District, Western Terai)
ゆかりの人物	●仏教の開祖・釈迦（本名：ガウタマ・シッダールタ） 　　　　　　（Siddhartha Gautama, the Lord Buddha) ●アショカ王
備考	2018Lumbini International Steering Committee Meeting at the Birthplace of the Lord Buddha in Lumbini, Nepal（2018年2月21日〜23日）
参考URL	ユネスコ世界遺産センター　http://whc.unesco.org/en/list/666

世界遺産ガイドー仏教関連遺産編ー

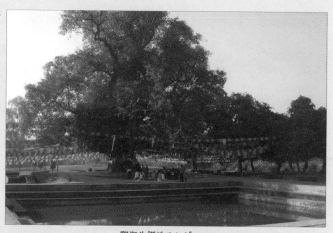

釈迦生誕地ルンビニー

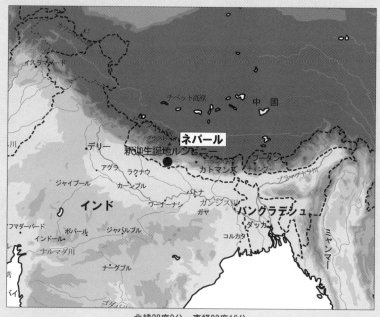

北緯28度8分　東経83度16分

仏教関連の世界遺産

交通アクセス　●カトマンズからバイラワへ航空機或は長距離バス、
　　　　　　　　バイラワからバスで1時間程度。

シンクタンクせとうち総合研究機構

カトマンズ渓谷

英語名	Kathmandu Valley
遺産種別	文化遺産
登録基準	(iii) 現存する、または、消滅した文化的伝統、または、文明の、唯一の、または、少なくとも」稀な証拠となるもの。 (iv) 人類の歴史上重要な時代を例証する、ある形式の建造物、建築物群、技術の集積、または、景観の顕著な例。 (vi) 顕著な普遍的な意義を有する出来事、現存する伝統、思想、信仰、または、芸術的、文学的作品と、直接に、または、明白に関連するもの。
登録年月	1979年12月（第21回世界遺産委員会ナポリ会議）
登録遺産の面積	167.37ha　バッファー・ゾーン　70.29ha

登録遺産の概要　カトマンズ渓谷は、ヒマラヤ山脈の南、標高1300mの盆地にあるカトマンズ市、バクタプル（バドガオン）市、ラリトプル（パタン）市にまたがる。先住民のネワール人による13〜18世紀のマッラ王朝の時代に、パタンとバドガオンの2王朝とも共存し、仏教とヒンドゥー教とが融合したネワール文化を開花させた。カトマンズ旧市街のダルバール広場にあるマッラ、パタン、バドガオンの3王朝の王宮をはじめ、銀の扉の優美な建築で有名なシヴァ神の寺院であるパシュパティナート寺院、323年にハリ・ドゥッダ王によって建てられたチャング・ナラヤン寺院、世界で最も壮麗な仏塔の一つであるスワヤンブーナートなどの遺跡が数多く残っている。人口増加が、世界遺産の保護や周囲の景観に重要な影響を及ぼしている。日本政府もカトマンズ渓谷の文化遺産の保存修復には、官民をあげて、資金面、技術面等で、長年協力している。

分類	遺跡
物件所在国	ネパール王国（Kingdom of Nepal）
物件所在地	カトマンズ市（首都　人口　42万人） ラリトプル市（人口　8万人） バクタプル市（人口　5万人）
構成資産	□カトマンズのダルバール広場のハヌマン・ドカ □パタンのダルバール広場 □バクタプルのダルバール広場 □スワヤンブナート寺院 □ボダナート仏塔（ストゥーパ） □パシュパティナート寺院 □チャング・ナラヤン寺院
ゆかりの人物	ハリ・ドゥッダ王
備考 参考URL	カトマンズは長野県松本市と姉妹都市 ユネスコ世界遺産センター　http://whc.unesco.org/en/list/666

世界遺産ガイド-仏教関連遺産編-

ダルハール広場

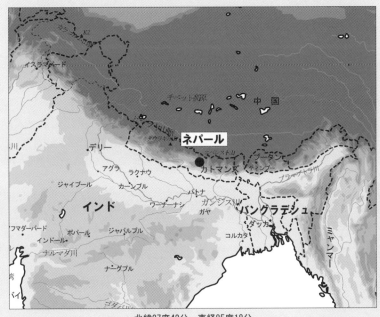

北緯27度42分 東経85度18分

交通アクセス　●トリブバン国際空港（KTM）から車

仏教関連の世界遺産

シンクタンクせとうち総合研究機構

アジャンター石窟群

英語名	Ajanta Caves
遺産種別	文化遺産
登録基準	(i) 人類の創造的天才の傑作を表現するもの。 (ii) ある期間を通じて、または、ある文化圏において、建築、技術、記念碑的芸術、町並み計画、景観デザインの発展に関し、人類の価値の重要な交流を示すもの。 (iii) 現存する、または、消滅した文化的伝統、または、文明の、唯一の、または、少なくとも稀な証拠となるもの。 (vi) 顕著な普遍的な意義を有する出来事、現存する伝統、思想、信仰、または、芸術的、文学的作品と、直接に、または、明白に関連するもの。
登録年月	1983年12月（第7回世界遺産委員会フィレンツェ会議）
登録遺産の面積	8,242ha　バッファー・ゾーン　78,676ha
登録遺産の概要	アジャンター石窟群は、デカン高原の西北部、アウランガバードの北東80kmのワゴーラ渓谷の岩壁にある世界に誇るインド仏教芸術の至宝。ワゴーラ川岸の断崖に掘られた大小29の仏教の石窟寺院群が600mにわたって並ぶ。アジャンター石窟寺院の造営は、紀元前1～7世紀とされ、インドでは最古。豊富に残された仏教説話や菩薩像などが描かれたグプタ様式の美しい壁画や彫刻には傑作が多く、インド古典文化の黄金時代のグプタ朝（320年頃～550年頃）に描かれた純インド的な仏教美術の源流として貴重。第1窟の壁画、蓮華手菩薩図は有名。
分類	遺跡群
物件所在国	インド（India）
物件所在地	マハラーシュートラ州アウランガバード県ソヤゴン・タルカ市レナプール村 (Maharashtra State, Aurangabad District , Soyagon Taluka, Lenapur Village)
構成資産	□Buddhist community comprising five sanctuaries or Chaitya-grihas（第9窟、第10窟、第19窟、第26窟、第29窟）
備考	●世界に誇るインド仏教芸術の至宝 ●アジャンターの壁画の画風は中国や日本にも伝播し「法隆寺」の壁画にも影響を与えた。
参考URL	ユネスコ世界遺産センター　http://whc.unesco.org/en/list/242

世界遺産ガイド－仏教関連遺産編－

アジャンター石窟群

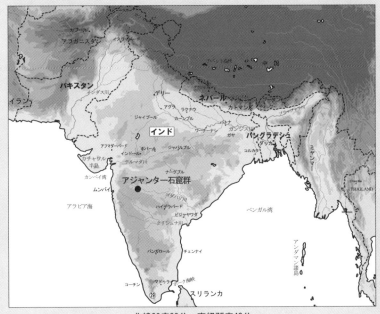

北緯20度33分　東経75度42分

交通アクセス　　●オーランガバード空港から車。

仏教関連の世界遺産

エローラ石窟群

英語名	Ellora Caves
遺産種別	文化遺産
登録基準	(i) 人類の創造的天才の傑作を表現するもの。
	(iii) 現存する、または、消滅した文化的伝統、または、文明の、唯一の、または、少なくとも稀な証拠となるもの。
	(vi) 顕著な普遍的な意義を有する出来事、現存する伝統、思想、信仰、または、芸術的、文学的作品と、直接に、または、明白に関連するもの。
登録年月	1983年12月（第7回世界遺産委員会フィレンツェ会議）
登録遺産の面積	- ha　バッファー・ゾーン　- ha

登録遺産の概要　エローラ石窟群は、インド中部、デカン高原の西北部のアウランガーバードから北西約30kmのマハーラーシュトラ高原にある。エローラ石窟群には、アジャンター石窟群と双璧をなす34の石窟寺院（ヒンドゥー教寺院 17、仏教寺院 12、ジャイナ教寺院 5）が並ぶ。クリシュナン1世が、8世紀中頃に造らせたシヴァ神やヴィシュヌ神などを祀った第16窟のカイラーサナータ寺院とその壁画は、ヒンドゥー教美術の最高傑作とされている。第10窟は、美麗なファサードをもつ礼拝をする為のチャイトヤ窟で、第12窟はスケールが大きく3層からなっている。

分類	遺跡群
物件所在国	インド（India）
物件所在地	マハーラーシュトラ州アウランガーバード県 （District Aurangabad, Maharashtra State）
備考	●34窟の石窟寺院のうち仏教寺院が12窟 　　仏教寺院(仏教窟)　　第1窟〜第12窟 　　ヒンドゥー教寺院(ヒンドゥー教窟)　第13窟〜第29窟 　　ジャイナ教寺院(ジャイナ教窟)　　第30窟〜第34窟 ●一帯は西ガーツ山脈の比較的平坦な、白亜紀に噴出した玄武岩が広がるデカントラップの一部で、石窟はこの玄武岩に彫られている。 ●近くにブッダの生涯が壁画や彫刻で描かれたアジャンター石窟群がある。
参考URL	ユネスコ世界遺産センター　http://whc.unesco.org/en/list/243

世界遺産ガイド－仏教関連遺産編－

エローラ石窟群

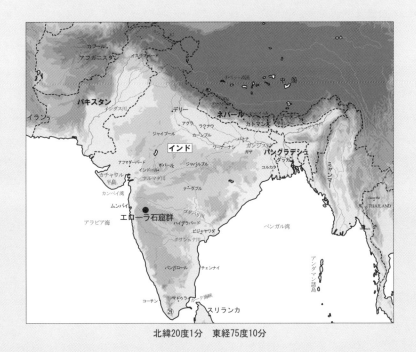

北緯20度1分　東経75度10分

仏教関連の世界遺産

交通アクセス　　●オーランガバード空港から車。

シンクタンクせとうち総合研究機構

サーンチーの仏教遺跡

英語名	Buddhist Monuments at Sanchi
遺産種別	文化遺産
登録基準	(i) 人類の創造的天才の傑作を表現するもの。 (ii) ある期間を通じて、または、ある文化圏において、建築、技術、記念碑的芸術、町並み計画、景観デザインの発展に関し、人類の価値の重要な交流を示すもの。 (iii) 現存する、または、消滅した文化的伝統、または、文明の、唯一の、または、少なくとも稀な証拠となるもの。 (iv) 人類の歴史上、重要な時代を例証する、ある形式の建造物、建築物群、技術の集積、または、景観の顕著な例。 (vi) 顕著な普遍的な意義を有する出来事、現存する伝統、思想、信仰、または、芸術的、文学的作品と、直接に、または、明白に関連するもの。
登録年月	1989年12月 （第13回世界遺産委員会パリ会議）
登録遺産の面積	－ ha　バッファー・ゾーン　－ ha

登録遺産の概要　サーンチーの仏教遺跡は、マディヤ・プラデシュ州の州都ボーパルから北へ約40km、デカン高原を見渡す小高い丘にある。サーンチーには、紀元前2～1世紀に仏教を篤く信仰し仏教を活用した徳治政治を理想としたマウリヤ朝のアショーカ王が建立したドーム状の3つの仏塔（ストゥーパ）のほか、仏堂、僧院など仏教にまつわる建造物や遺跡が残されている。なかでも、インド最古の仏塔といわれる高さ16.5m、基壇の直径が37mの大仏塔は、釈迦の舎利（遺骨）を納めたり、仏教の聖地を記念する為に造られ、他の2つの仏塔には釈迦の弟子やマウリヤ朝の高僧の墓があると言われている。また、仏塔を囲む東西南北の鳥居の様な4つの塔門の石柱には、仏陀の生誕から涅槃までの一生を象徴的に描いた仏教説話などの彫刻が見事に浮き彫りにされている。サーンチーは、紀元後12世紀まで、インド仏教の中心地として繁栄、14世紀以降は、仏教の衰退と共に廃墟と化したが、今世紀の初頭にインド政府によって修復・再現された。

分類	遺跡
物件所在国	インド（India）
物件所在地	マディヤ・プラデシュ州（Madhya Pradesh）
備考	サーンチーは、紀元後12世紀まで、インド仏教の中心地として繁栄した。
参考URL	ユネスコ世界遺産センター　http://whc.unesco.org/en/list/524

世界遺産ガイド-仏教関連遺産編-

サーンチーの仏教遺跡

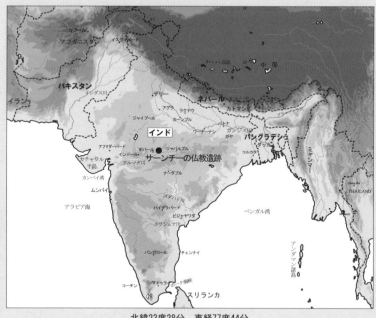

北緯23度28分　東経77度44分

交通アクセス　●マディヤ・プラデシュ州の州都ボーパルから北へ約40km

仏教関連の世界遺産

シンクタンクせとうち総合研究機構

ビハール州ナーランダにあるナーランダ・マハーヴィハーラ（ナーランダ大学）の考古学遺跡

英語名	Archaeological Site of Nalanda Mahavihara（Nalanda University） at Nalanda, Biharr
遺産種別	文化遺産
登録基準	(iv) 人類の歴史上、重要な時代を例証する、ある形式の建造物、建築物群、技術の集積、または、景観の顕著な例。 (vi) 顕著な普遍的な意義を有する出来事、現存する伝統、思想、信仰、または、芸術的、文学的作品と、直接に、または、明白に関連するもの。
登録年月	2016年10月（第40回世界遺産委員会イスタンブール／パリ会議）
登録遺産の面積	23ha　バッファー・ゾーン　57.88ha
登録遺産の概要	ビハール州ナーランダにあるナーランダ・マハーヴィハーラ（ナーランダ大学）の考古学遺跡は、インドの北東部、ビハール州ナーランダにある仏教遺跡。紀元前3世紀から紀元後13世紀にわたる世界遺産の登録面積は23ha、バッファー・ゾーンは57.88haである。ナーランダ・マハーヴィハーラ（ナーランダ大学）は、5世紀に建設された世界最古の大学の一つで、7世紀に玄奘三蔵（602～664年）が訪れた時には、1万人以上の学僧が学んでおり、当時としては世界最大規模の教育施設であった。ナーランダは「蓮を授ける地」という意味で、蓮は知恵の象徴とされていた。建設されてから12世紀にイスラム教徒に破壊されるまでの約800年間、この地は仏教学を中心に、バラモン教学や哲学、天文学などを研究する総合大学として発展した。広大な敷地内には、ストゥーパ（仏舎利塔）、本堂、僧坊、それに、重要な芸術作品などが残っており、かつての繁栄ぶりがわかる。
分類	遺跡
物件所在国	インド（India）
物件所在地	ビハール州ナーランダ
博物館	ナーランダー博物館 　発掘された写本、遺物などが展示されている。
ゆかりの人物	龍樹（ナーガールジュナ　150年頃～250年頃）、玄奘（602～664年）、義浄（635～713年）
備考	●5世紀に建設されてから約800年間、この地は仏教学を中心に、バラモン教学や哲学、天文学などを研究する総合大学として発展した。 ●大乗仏教はナーランダ大学で学究が進められ、その成果がヴェトナム、中国、韓国、日本に伝わった。 ●チベット仏教はナランダ後期（9～12世紀）の教え、伝統から来ていると言われている。
参考URL	ユネスコ世界遺産センター　http://whc.unesco.org/en/list/1502

ナーランダ・マハーヴィハーラ（ナーランダ大学）の考古学遺跡

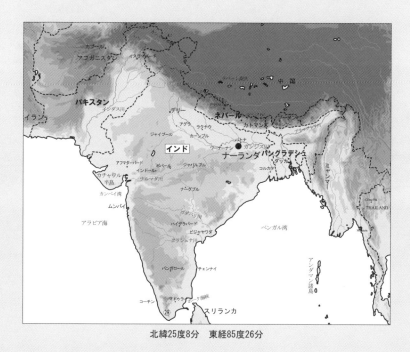

北緯25度8分　東経85度26分

交通アクセス　●パトナ空港から車。

ブッダ・ガヤのマハボディ寺院の建造物群

英語名	Mahabodhi Temple Complex at Bodh Gaya
遺産種別	文化遺産
登録基準	（ⅰ）人類の創造的天才の傑作を表現するもの。 （ⅱ）ある期間を通じて、または、ある文化圏において、建築、技術、記念碑的芸術、町並み計画、景観デザインの発展に関し、人類の価値の重要な交流を示すもの。 （ⅲ）現存する、または、消滅した文化的伝統、または、文明の、唯一の、または、少なくとも］稀な証拠となるもの。 （ⅳ）人類の歴史上重要な時代を例証する、ある形式の建造物、建築物群、技術の集積、または、　　景観の顕著な例。 （ⅵ）顕著な普遍的な意義を有する出来事、現存する伝統、思想、信仰、または、芸術的、文学的作品と、直接に、または、明白に関連するもの。
登録年月	2002年6月（第26回世界遺産委員会ブダペスト会議）
登録遺産の面積	4.86ha
登録遺産の概要	ブッダ・ガヤのマハーボディ寺院は、インドの東部、ビハール州にある。ブッダ・ガヤのマハーボディ寺院は、仏教の開祖、ガウダマ・シッダールタ（お釈迦様）の生涯に関連した生誕の地ルンビニー、成道の地ブッダ・ガヤ、初転法輪の地サールナート、入滅の地クシナガラの四大聖地の一つである。ブッダ・ガヤのマハーボディ寺院は、成道の地であり、瞑想して悟りを開いた有名な菩提樹と金剛座がある。最初の寺院は、紀元前3世紀に、アショカ王によって建てられた。現在の寺院は、5～6世紀に建てられ、高さが50mもある大塔の内部には成道をあらわす金箔の仏座像が安置されている。マハーボディ寺院は、後期グプタ期に、レンガで建てられた最初の仏教寺院の一つで、後世にも重要な影響を与えた。
分類	モニュメント
物件所在国	インド（India）
物件所在地	ビハール州ブッダ・ガヤ
博物館	考古博物館
ゆかりの人物	アショカ王（在位紀元前268～紀元前232年頃　マウルヤ朝第3代王）
備考	仏教四大聖地の一つ「成道の地」である。
参考URL	ユネスコ世界遺産センター　http://whc.unesco.org/en/list/1056

世界遺産ガイド－仏教関連遺産編－

ブッダ・ガヤのマハーボディ寺院

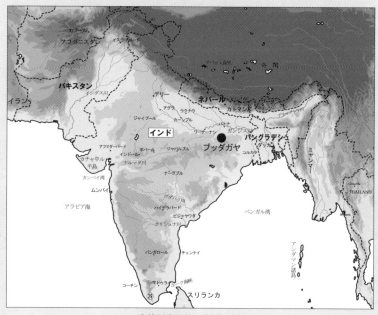

北緯24度41分　東経84度59分

交通アクセス　●ヴァーラナシーから車で10時間

仏教関連の世界遺産

シンクタンクせとうち総合研究機構

パハルプールの仏教寺院遺跡

英語名	Ruins of the Buddhist Vihara at Paharpur
遺産種別	文化遺産
登録基準	(i) 人類の創造的天才の傑作を表現するもの。 (ii) ある期間を通じて、または、ある文化圏において、建築、技術、記念碑的芸術、町並み計画、景観デザインの発展に関し、人類の価値の重要な交流を示すもの。 (vi) 顕著な普遍的な意義を有する出来事、現存する伝統、思想、信仰、または、芸術的、文学的作品と、直接に、または、明白に関連するもの。
登録年月	1985年12月 (第9回世界遺産委員会パリ会議)
登録遺産の面積	－ ha　バッファー・ゾーン　－ ha
登録遺産の概要	パハルプールの仏教寺院遺跡は、バングラデシュの北西部、首都ダッカの北西約180kmにある東インド地方最大の仏教寺院遺跡。8〜11世紀に北インドで繁栄したパーラ朝第2代の王、ダルマパーラ王(在位770〜810年)が創建した大僧院は、一辺約300m四方の正方形の厚い煉瓦の周壁の中に177の僧房があった。境内の広大な遺跡の中庭には、サマプリマハ僧院(ビハーラ)の大塔がそびえていた遺丘が今でも残っている。
分類	遺跡
物件所在国	バングラデシュ (Bangladesh)
物件所在地	ラジシャヒ管区 (Naogaon Subdivision of Rajshahi District)
博物館	パハルプール博物館 (Paharpur Museum) 遺跡から発掘された仏頭が展示されている。
備考	●パハルプールはこの一帯における仏教の中心として発達、巡礼者は17世紀まで続いた。東インド地方最大の仏教寺院遺跡。 ●建築様式はミャンマーの「パガン遺跡」、カンボジアの「アンコール遺跡」インドネシアの「ボロブドール寺院遺跡群」に多大な影響を与えたと言われている。
参考URL	ユネスコ世界遺産センター　http://whc.unesco.org/en/list/322

世界遺産ガイド－仏教関連遺産編－

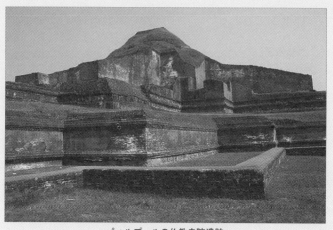

パハルプールの仏教寺院遺跡

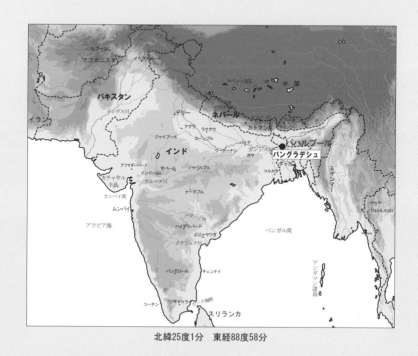

北緯25度1分　東経88度58分

仏教関連の世界遺産

交通アクセス　●ダッカから車で約6時間。

タキシラ

英語名	Taxila
遺産種別	文化遺産
登録基準	(iii) 現存する、または、消滅した文化的伝統、または、文明の、唯一の、または、少なくとも稀な証拠となるもの。
	(vi) 顕著な普遍的な意義を有する出来事、現存する伝統、思想、信仰、または、芸術的、文学的作品と、直接に、または、明白に関連するもの。
登録年月	1980年9月（第4回世界遺産委員会パリ会議）
登録遺産の面積	－ ha　バッファー・ゾーン　－ ha

登録遺産の概要　タキシラは、パキスタン東北部、イスラマバードの北西40kmにある紀元前6世紀～紀元後6世紀にかけて栄えた都市遺跡。その遺跡は年代の異なる3つの都市、ビール・マウンド、カッチャー・コット、シルカップと、ガンダーラ仏をはじめとする多くの仏伽藍遺跡からなる。1913年、英国のJ.マーシャルによって発掘された。タキシラ最古のビール丘には、紀元前6世紀アケメネス朝ペルシャ、紀元前3世紀マウリヤ朝、その後、バクトリのギリシャ諸王の支配を示す遺跡が点在。ダルマラージカー仏教遺跡はガンダーラ様式の源流。

分類	遺跡
物件所在国	パキスタン（Pakistan）
物件所在地	パンジャーブ州（Province of Punjab）
構成資産	□Khanpur Cave　□Saraikala, prehistoric mound　□Bhir Mound
	□Sirkap (fortified city)　□Sirsukh (fortified ruined city)
	□Dharmarajika stupa and monastery　□Khader Mohra (Akhuri)
	□Kalawan group of buildings　□Giri complex of monuments
	□Kunala stupa and monastery　□Jandial complex
	□Lalchak and Badalpur Buddhist stuppa
	□Mohra Moradu stupa and monastery
	□Pippala stupa and monastery
	□Jaulian stupa and monastery
	□Lalchak mounds　□Buddhist remains around Bhallar stupa
	□Giri Mosque and tombs
備考	ダルマラージカー仏教遺跡はガンダーラ様式の源流。
参考URL	ユネスコ世界遺産センター　http://whc.unesco.org/en/list/139

世界遺産ガイド－仏教関連遺産編－

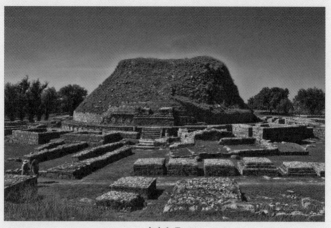

タキシラ

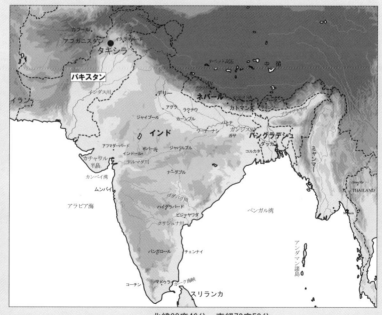

北緯33度46分　東経72度53分

仏教関連の世界遺産

交通アクセス　●イスラマバードの北西40km。

タクティ・バヒーの仏教遺跡と近隣のサハリ・バハロルの都市遺跡

英語名	Buddhist Ruins at Takht-i-Bahi and Neighboring City Remains at Sahr-i-Bahlol
遺産種別	文化遺産
登録基準	(iv) 人類の歴史上、重要な時代を例証する、ある形式の建造物、建築物群、技術の集積、または、景観の顕著な例。
登録年月	1980年9月 （第4回世界遺産委員会パリ会議）
登録遺産の面積	－ ha　バッファー・ゾーン　－ ha

登録遺産の概要　タクティ・バヒーの仏教遺跡と近隣のサハリ・バハロルの都市遺跡は、パキスタンの北部、ペシャワール市の北東約50kmにあるガンダーラ平野を見下ろす丘の上のタクティ・バヒー(春の玉座)に残る山岳仏教の寺院遺跡。山の中腹には塔院、僧院、会堂などの跡が見られ、塔院跡には仏塔の方形基壇と祀堂群の跡がある。近くのサハリ・バハロルにも同時代の山岳寺院跡が残る。

分類	遺跡群
物件所在国	パキスタン（Pakistan）
物件所在地	カイバルパクトゥンクワ州（North West Frontier Province）
構成資産	□タクティ・バヒー(Takht-I-Bahi) □サハリ・バハロル(Sahri Bahlol)
備考	●7世紀までインド密教の中心地として栄え、ガンダーラにおける山岳仏教寺院の代表格ともいわれる。 ●この時代はインドの伝統美術とヘレニズム美術が融合したガンダーラ美術が盛んだった為、主塔院や僧院などの遺跡とともに、ガンダーラ様式の仏像も出土しており、中庭には小ストゥーパ（仏塔）が35基残されている。
参考URL	ユネスコ世界遺産センター　http://whc.unesco.org/en/list/140

世界遺産ガイド－仏教関連遺産編－

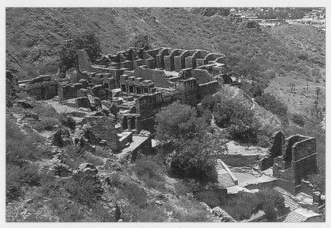

タクティ・バヒー

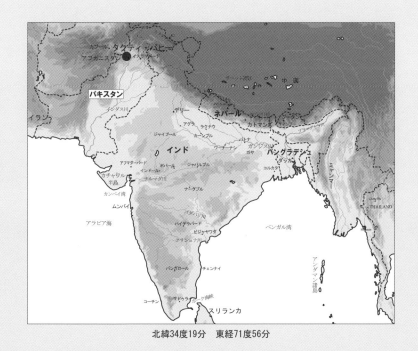

北緯34度19分　東経71度56分

交通アクセス　●ペシャワール市の北東約50km。

仏教関連の世界遺産

シンクタンクせとうち総合研究機構

古代都市ポロンナルワ

英語名	Ancient City of Polonnaruwa
遺産種別	文化遺産
登録基準	(i) 人類の創造的天才の傑作を表現するもの。 (iii) 現存する、または、消滅した文化的伝統、または、文明の、唯一の、または、少なくとも稀な証拠となるもの。 (vi) 顕著な普遍的な意義を有する出来事、現存する伝統、思想、信仰、または、芸術的、文学的作品と、直接に、または、明白に関連するもの。
登録年月	1982年12月 （第6回世界遺産委員会パリ会議）
登録遺産の面積	－ ha　バッファー・ゾーン　－ ha

登録遺産の概要　古代都市ポロンナルワは、コロンボの北東216km、アヌラダプラの南東にある11～13世紀に栄えたシンハラ王朝の古都。ポロンナルワは、タミル族の侵略で大きな打撃を受けたアヌラダプラに替わって、993年に首都となり、歴代の王が仏教の普及に努めた。ポロンナルワの町は、コの字型の城壁で囲まれ、灌漑工事が施されており、千以上の貯水池が残っている。古都ポロンナルワの遺跡は、南北に並んでおり、南部のクォードラングルには、12世紀のパラクラマバフー1世が築いた庭園都市の遺構に、パラクラマ宮殿をはじめ、四方形のトゥパラーマの仏堂、円形のワタダーゲの仏塔、タイ様式のサトゥマハル・プラサーダの仏塔、ハタダーゲの仏歯寺院などの仏教建築群が残っている。さらに4km北のガル・ヴィハラには、岩肌を刻んで彫った立像、座像、横臥像の3つの釈迦像がある。横臥像は全長13mもあり、この世を去ろうとしている釈迦を表わしている。その左側の立像は、高さ7m、悲しみにくれる釈迦の第一の弟子アーナンダの像。

分類	遺跡
物件所在国	スリランカ（Sri Lanka）
物件所在地	北中部州ポロンナルワ（North Central Province, Polonnaruwa District）
備考	南部のクォードラングルには、ハタダーゲの仏歯寺院などの仏教建築群が、北部のガル・ヴィハラには、岩肌を刻んで彫った3つの釈迦像がある。
参考URL	ユネスコ世界遺産センター　http://whc.unesco.org/en/list/201

世界遺産ガイド－仏教関連遺産編－

古代都市ポロンナルワ

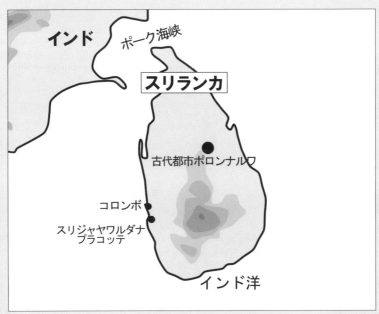

北緯7度54分　東経81度0分

交通アクセス　　●ダンブッラから東へ70Km程度

仏教関連の世界遺産

シンクタンクせとうち総合研究機構

ダンブッラの黄金寺院

英語名	Golden Temple of Dambulla
遺産種別	文化遺産
登録基準	（ⅰ）人類の創造的天才の傑作を表現するもの。 （ⅵ）顕著な普遍的な意義を有する出来事、現存する伝統、思想、信仰、または、芸術的、文学的作品と、直接に、または、明白に関連するもの。
登録年月	1991年12月（第15回世界遺産委員会カルタゴ会議）
登録遺産の面積	－ ha　バッファー・ゾーン　－ ha

登録遺産の概要　ダンブッラの黄金寺院は、アヌラダプラの南64kmにある黒褐色の巨大な岩山の頂上付近の天然の洞窟を利用して、スリランカの初期仏教時代である紀元前1世紀に築かれた石窟寺院。タミル軍の侵略を巻き返したシンハラ王朝のワラガムバーフ王が戦勝を感謝して建立した。5つある洞窟のうち最古の第4窟には、ブッダが涅槃の境地に入った涅槃仏、最大の第2窟には、50数体の仏像やシンハラ族とタミル族との約千年にもわたる抗争を描いた極彩色のフレスコ画があるが、歴代の王により何度も修復されてきた。なかでも、第1窟の長さ約14mの横臥仏陀像は有名。また、ダンブッラは古くから信仰心が篤い仏教徒の巡礼地としても知られている。

分類	遺跡
物件所在国	スリランカ（Sri Lanka）
物件所在地	中部州マータレー県（Central Province, Matale District）
構成資産	□第1窟　聖王の石窟 □第2窟　マハラジャの石窟 □第3窟　新僧院 □第4窟 □第5窟
ゆかりの人物	シンハラ王朝のワラガムバーフ王
備考	スリランカ最大の石窟寺院であり、保存状態が良いことでも知られている。 ダンブッラは古くから信仰心が篤い仏教徒の巡礼地
参考URL	ユネスコ世界遺産センター　http://whc.unesco.org/en/list/561

世界遺産ガイド−仏教関連遺産編−

ダンブッラの黄金寺院で本書の著者の古田陽久

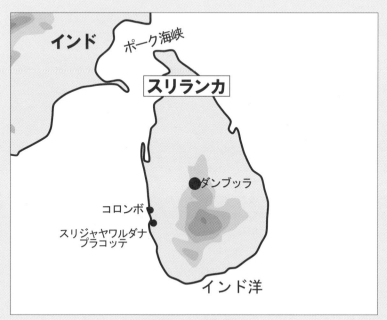

北緯7度51分　東経80度38分

交通アクセス　●コロンボから車で約5時間。

仏教関連の世界遺産

ボロブドール寺院遺跡群

英語名	Borobudur Temple Compounds
遺産種別	文化遺産
登録基準	(i) 人類の創造的天才の傑作を表現するもの。 (ii) ある期間を通じて、または、ある文化圏において、建築、技術、記念碑的芸術、町並み計画、景観デザインの発展に関し、人類の価値の重要な交流を示すもの。 (vi) 顕著な普遍的な意義を有する出来事、現存する伝統、思想、信仰、または、芸術的、文学的作品と、直接に、または、明白に関連するもの。
登録年月	1991年12月(第15回世界遺産委員会カルタゴ会議)
登録遺産の面積	25.51ha　バッファー・ゾーン　64.31ha
登録遺産の概要	ボロブドール寺院遺跡群は、ジャワ島中部、ジョグジャカルタの北西42kmのプロゴ渓谷にある。8~9世紀にシャインドラ王朝が建築した大乗仏教の世界的な石造の巨大仏教遺跡で、カンボジアのアンコール、ミャンマーのパガンとともに世界三大仏教遺跡の一つ。120m四方の基壇の上に、5層の方形壇と3層の円形壇を重ね、最上段に仏塔を載せた壇台には仏座像とストゥーパ(仏塔)が林立し、各回廊には釈迦の生涯や仏教の説話を刻んだ千数百点にも及ぶレリーフで埋めつくされている。1814年に英国のジャワ島副総督スタンフォード・ラッフルズ卿によって、樹木や火山灰に埋もれた中から発見された。1835年には溶岩や樹木が払いのけられたが、雨水の影響をまともに受けたり、偶像を否定するイスラム教徒によって破壊されたりした。1961年のメラピー火山の大噴火は、国際的救済キャンペーンのきっかけとなり、ユネスコの協力のもと10年余の年月をかけ往時の威厳を取り戻した。
分類	遺跡群
物件所在国	インドネシア(Indonesia)
物件所在地	中部ジャワ州マゲラン県(Regency of Magelang, Province of Central Java)
構成資産	□ボロブドール寺院(Borobudur Temple) □メンダット寺院(Mendut Temple) □パォン寺院(Pawon Temple)
備考	8~9世紀にシャインドラ王朝が建築した大乗仏教の世界的な石造の巨大仏教遺跡
参考URL	ユネスコ世界遺産センター　http://whc.unesco.org/en/list/592

世界遺産ガイド-仏教関連遺産編-

ボロブドール寺院遺跡

南緯7度36分　東経110度12分

交通アクセス　●ジョグジャカルタから車で約1時間30分

仏教関連の世界遺産

古都スコータイと周辺の歴史地区

英語名	Historic Town of Sukhothai and Associated Historic Towns
遺産種別	文化遺産
登録基準	(i) 人類の創造的天才の傑作を表現するもの。 (iii) 現存する、または、消滅した文化的伝統、または、文明の、唯一の、または、少なくとも稀な証拠となるもの。
登録年月	1991年12月（第15回世界遺産委員会カルタゴ会議）
登録遺産の面積	11,852ha

登録遺産の概要　古都スコータイは、首都バンコクの北部約447km、ピッサヌロークの西約60kmにある。古都スコータイは、タイ族最古のスコータイ王朝（1238〜1438年）の都跡。スコータイという言葉は、「幸福の夜明け」を意味する。東西1.8km、南北1.6kmの城壁と三重の堀に囲まれた都域には、見る場所、角度によって、実に様々な表情をみせる古都スコータイの中心を占めるワット・マハタートをはじめ、静寂の中に大きな仏像が鎮座するワット・スィー・チュム、トウモロコシを直立させた様な塔堂が並ぶワット・スィー・サワイ、その優雅さはスコータイ随一といわれるワット・サー・スィーなどの多くの寺院、クメール文字を改良しタイ文字を創出した第3代ラムカムヘーン王の王宮遺跡が残る。スコータイ美術は、小乗仏教を移入したスリランカの影響が色濃い。ラムカムヘーン国立博物館では、発掘された仏像など数々の遺物をじっくり鑑賞することができる。尚、ラムカムヘーン王の碑文は、「世界の記憶」に登録されており、タイ国立博物館（バンコク）に収蔵されている。

分類	遺跡群
物件所在国	タイ（Thailand）
物件所在地	スコータイ県、カムペーンペット県（Sukhothai and Kamphaeng Phet Provinces）
構成資産	□スコータイ歴史公園（Sukhotai Historical Park） □シーサッチャナーライ歴史公園（Si Satchanalai Historical Park） □カムペーンペット歴史公園（Kamphaeng Phet Histoircal Park）
備考	●ワット・マハタートをはじめ、静寂の中に大きな仏像が鎮座する。 ●ワット・スィー・チュム、トウモロコシを直立させた様な塔堂が並ぶ。 ●ワット・スィー・サワイ、その優雅さはスコータイ随一といわれるワット・サー・スィーなどの多くの寺院が残る。
参考URL	ユネスコ世界遺産センター　http://whc.unesco.org/en/list/574

世界遺産ガイド―仏教関連遺産編―

遺跡公園

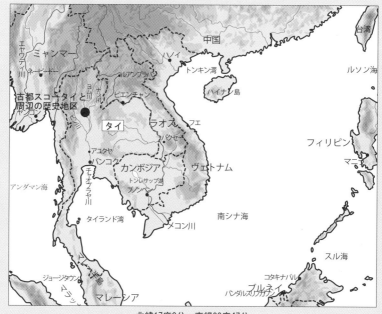

北緯17度0分　東経99度47分

交通アクセス　●ピサロヌーク空港から車で1時間。

仏教関連の世界遺産

シンクタンクせとうち総合研究機構

アユタヤの歴史都市

英語名	Historic City of Ayutthaya
遺産種別	文化遺産
登録基準	(iii) 現存する、または、消滅した文化的伝統、または、文明の、唯一の、または、少なくとも稀な証拠となるもの。
登録年月	1991年12月 （第15回世界遺産委員会カルタゴ会議）
登録遺産の面積	289ha
登録遺産の概要	アユタヤは、首都バンコクからチャオプラヤー川を遡って北へ約71kmにあるチャオプラヤー川とその支流パーサック川、ロップリー川に囲まれ、自然の要塞が形成された中洲にある。アユタヤ王朝の首都として14世紀から400年にわたり、インドシナ最大の都市として繁栄、最盛期の17世紀には、ヨーロッパとアジア諸国との貿易の中継地として国際的に大きな役割を果たした。この間、5つの王朝、35人の王により栄華を誇ったが、度重なるビルマ軍の猛攻によって王朝が倒壊したことから、廃墟と化した。黄金の都と称されたアユタヤには、象徴的な存在の王室守護寺院であったワット・プラ・スィー・サンペット、ワット・プラ・モンコン・ボピット、ワット・ヤイチャイモンコン、ワット・ロカヤ・スタなどの重要な寺院跡、離宮として歴代の王が夏を過ごしたバン・パイン宮殿などの王宮跡、ビルマ軍が戦勝記念に築いたパゴダ、ワット・プーカオ・トーンやモン様式のストゥーパ(仏塔)などが今も残っている。また、アユタヤ王朝は、外交貿易を奨励していたことでも知られ、17世紀に御朱印船貿易で日本からも多くの商人が訪れた。アユタヤ王朝に仕えた山田長政が傭兵隊長として名を馳せた日本人街跡が街区の南に残っている。バンコクからバス、鉄道どちらを利用しても約2時間で行くことができるので、バンコクから手軽に日帰り旅行が楽しめる。2011年7月以降のモンスーン豪雨による大洪水でアユタヤ遺跡でも浸水被害が発生した。
分類	遺跡群
物件所在国	タイ（Thailand）
物件所在地	アユタヤ県（Ayutthaya Province）
備考	黄金の都と称されたアユタヤには、象徴的な存在の王室守護寺院であったワット・プラ・スィー・サンペット、ワット・プラ・モンコン・ボピット、ワット・ヤイチャイモンコン、ワット・ロカヤ・スタなどの重要な寺院跡、ビルマ軍が戦勝記念に築いたパゴダ、ワット・プーカオ・トーンやモン様式のストゥーパ(仏塔)などが今も残っている。
参考URL	ユネスコ世界遺産センター　http://whc.unesco.org/en/list/576

世界遺産ガイド－仏教関連遺産編－

アユタヤ

北緯14度20分　東経100度33分

交通アクセス　●バンコクから列車で約2時間、或は、バスで約1時間30分。

仏教関連の世界遺産

シンクタンクせとうち総合研究機構

アンコール

英語名	Angkor
遺産種別	文化遺産
登録基準	(i) 人類の創造的天才の傑作を表現するもの。 (ii) ある期間を通じて、または、ある文化圏において、建築、技術、記念碑的芸術、町並み計画、景観デザインの発展に関し、人類の価値の重要な交流を示すもの。 (iii) 現存する、または、消滅した文化的伝統、または、文明の、唯一の、または、少なくとも稀な証拠となるもの。 (iv) 人類の歴史上、重要な時代を例証する、ある形式の建造物、建築物群、技術の集積、または、景観の顕著な例。
登録年月	1992年12月 (第16回世界遺産委員会サンタ・フェ会議)
登録遺産の面積	40,100ha
登録遺産の概要	アンコールは、カンボジアの首都プノンペンの北西にあるシエムリアプ市の郊外にある東南アジアの主要な考古学遺跡群の一つ。1860年にフランスの博物学者アンリ・ムオによって発見され、その後、本格的な調査・研究が開始された。アンコール考古学公園は、熱帯雨林地帯を含む400km²に広がる。この巨大な都市遺跡は、9〜12世紀のクメール王国の歴代の王によって築かれたが、1431年に隣国タイのシャム人の侵攻によって破壊された。なかでも、アンコール・ワットはアンコール最大の遺跡で、クメール芸術の最高傑作とされた都城に付属したヒンドゥー教寺院として、スールヤヴァルマン2世によって、約30年の歳月をかけて建立された。周囲は5.4kmの環濠に囲まれ、本殿を中心とする5基の堂塔から成り立ち、数kmにも及ぶ回廊の壁面の神話をテーマにした浮彫りは第一級の芸術作品とされている。また、アンコール・トムは、高さ8mの城壁に囲まれた宗教的都城で、異様な四面仏顔塔が林立するバイヨン寺院を中心に歴代王が建造した寺院や僧坊跡が残っている。アンコールは、カンボジア内戦で荒れ放題の状態が続き、ユネスコは、人類の文化遺産であるこれらの象徴的な遺跡を救済する為、「危機にさらされている世界遺産リスト」に登録し、広範な保護計画を実施した。2004年に危機遺産リストから解除された。
分類	遺跡群
物件所在国	カンボジア (Cambodia)
物件所在地	シエムリアプ州 (Province Siem Reap)
構成資産	□アンコール (Angkor) □ロリュオス (Roluos) □バンテアイ・スレイ (Banteay Srei)
備考	アンコール・トムには、異様な四面仏顔塔が林立するバイヨン寺院を中心に歴代王が建造した寺院や僧坊跡が残っている。
参考URL	ユネスコ世界遺産センター　http://whc.unesco.org/en/list/668

世界遺産ガイド－仏教関連遺産編－

アンコール・トム

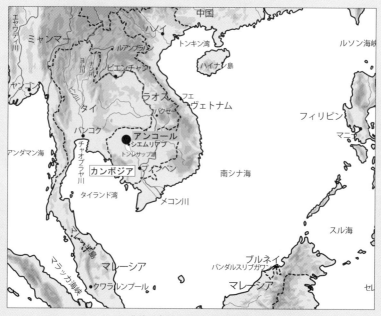

北緯13度25分　東経103度49分

交通アクセス　●アンコールへはシエムリアプ空港からバスで約10分。

仏教関連の世界遺産

シンクタンクせとうち総合研究機構

ピュー王朝の古代都市群

英語名	Pyu Ancient Cities
遺産種別	文化遺産
登録基準	(ii) ある期間を通じて、または、ある文化圏において、建築、技術、記念碑的芸術、町並み計画、景観デザインの発展に関し、人類の価値の重要な交流を示すもの。 (iii) 現存する、または、消滅した文化的伝統、または、文明の、唯一の、または、少なくとも稀な証拠となるもの。 (iv) 人類の歴史上、重要な時代を例証するある形式の建造物、建築物群、技術の集積、または、景観の顕著な例。
登録年月	2014年6月 (第38回世界遺産委員会ドーハ会議)
登録遺産の面積	5,809ha　バッファー・ゾーン　6,790ha

登録遺産の概要　ピュー王朝の古代都市群は、ミャンマーの中央部、サガイン地方、マグウェ地方、バゴー地方にあり、世界遺産の登録面積は、5,809ha、バッファー・ゾーンは、6,790haである。世界遺産は、ハリン、ベイタノ、タライ・キット・タヤ (シュリー・クシェートラ) の3つの地区の構成資産からなる。チベット・ビルマ語派に属する言語を使っていたミャンマーの古代民族のピュー族は、イラワジ川流域の乾燥地帯を中心に小さな城塞国家のピュー王国 (紀元前200年～紀元後900年) を築いて住んでいた。ピュー王朝の古代都市群は、いずれも煉瓦造りの長大な城壁で取り囲まれ、外側には堀濠がめぐっており、遺跡の出土品からいくつかの共通性がわかる。その一つは骨壺埋葬制で、ピュー族は死者を茶毘に付した後に、遺骨を石甕や素焼きの壺に入れて埋葬していた。これはピュー族固有の風習で、ビルマ族には伝承されていない。ピュー王朝の古代都市群には、当時の人々がつくった煉瓦造りの仏塔、宮殿の要塞、埋葬地帯、初期の工業拠点などが残っており、当時の面影を色濃く反映している。

分類	シリアルノミネーション (3遺跡群)、遺跡群
物件所在国	ミャンマー (Myanmar)
物件所在地	サガイン地方、マグウェ地方、バゴー地方
構成資産	□ハリン (Halin) □ベイタノ (Beikthano) □シュリー・クシェートラ (Sri Ksetra)
備考	ピュー王朝の古代都市群には、当時の人々がつくった煉瓦造りの仏塔などが残っている。
参考URL	ユネスコ世界遺産センター　http://whc.unesco.org/en/list/1444

世界遺産ガイド－仏教関連遺産編－

ピュー王朝の古代都市
ボーボージー - パゴダ（Bawbawgyi Pagoda）

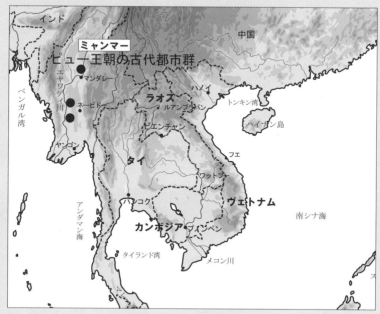

北緯22度28分　東経95度49分

交通アクセス　●シュリー・クシェートラ（Sri Ksetra）へはピィの北東約9km。

ルアン・プラバンの町

英語名	Town of Luang Prabang
遺産種別	文化遺産
登録基準	(ii) ある期間を通じて、または、ある文化圏において、建築、技術、記念碑的芸術、町並み計
	(iv) 人類の歴史上、重要な時代を例証する、ある形式の建造物、建築物群、技術の集積、または、景観の顕著な例。
	(v) 特に、回復困難な変化の影響下で損傷されやすい状態にある場合における、ある文化（または、複数の文化）或は、環境と人間との相互作用を代表する伝統的集落、または、土地利用の顕著な例。
登録年月	1995年12月 （第19回世界遺産委員会ベルリン会議）
	2013年 6月 （第37回世界遺産委員会プノンペン会議）
登録遺産の面積	820ha　バッファー・ゾーン　12,560ha

登録遺産の概要　ルアン・プラバンは、首都ヴィエンチャンの北400km、メコン川とカン川の合流点にある。古くは、アン・スワと言い、その後、シェントンと呼ばれるようになった。1353年に成立したラオ族の王国、ランサン王朝（1353〜1975年）の王都であった古都で、1945年にルアン・プラバン王がラオス全土の独立を宣言以後、1975年にラオス人民民主共和国が成立するまで、ルアン・プラバンは、ラオス王国の王都でもあった。ルアン・プラバンの地名は、ルアンが「大きな」、プラバンが守護仏とされてきた黄金仏像に因み、「大きな黄金仏像」の意。町の中心部の近くにあるプーシーの丘には、ルアン・プラバン寺院、シェントン寺院、ビスナラート寺院など多くの仏教寺院が、この丘に面しメコン川を背に旧王宮がある。ユニークな町並みは、ヨーロッパのコロニア風とラオスの伝統的な建造物とが見事に融合している。ルアン・プラバンは、ルアンパバンという表記も多い。

分類	建造物群
物件所在国	ラオス人民民主共和国（Lao People's Democratic Republic）
物件所在地	ルアン・プラバン県（Province of Luang Prabang）
構成資産	□ルアン・プラバン寺院
	□シェントン寺院
	□ビスナラート寺院
博物館	国立王宮博物館
備考	プーシーの丘には、ルアン・プラバン寺院、シェントン寺院、ビスナラート寺院など多くの仏教寺院がある。
参考URL	ユネスコ世界遺産センター　http://whc.unesco.org/en/list/479

世界遺産ガイドー仏教関連遺産編ー

シェントン寺院

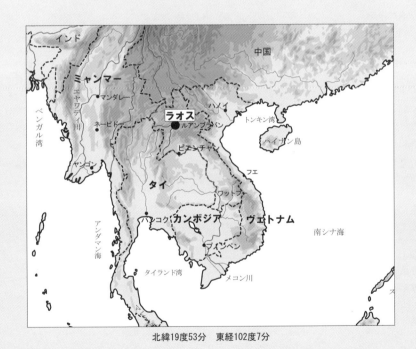

北緯19度53分　東経102度7分

仏教関連の世界遺産

交通アクセス　●ヴィエンチャンからの空路かバス、もしくはメコン川を利用した水運。

シンクタンクせとうち総合研究機構

シルクロード：長安・天山回廊の道路網

英語名	Silk Roads: the Routes Network of Tianshan Corridor
遺産種別	文化遺産
登録基準	(ii) ある期間を通じて、または、ある文化圏において、建築、技術、記念碑的芸術、町並み計画、景観デザインの発展に関し、人類の価値の重要な交流を示すもの。 (iii) 現存する、または、消滅した文化的伝統、または、文明の、唯一の、または、少なくとも稀な証拠となるもの。 (v) 特に、回復困難な変化の影響下で損傷されやすい状態にある場合における、ある文化(または、複数の文化) 或は、環境と人間との相互作用を代表する伝統的集落、または、土地利用の顕著な例。 (vi) 顕著な普遍的な意義を有する出来事、現存する伝統、思想、信仰、または、芸術的、文学的作品と、直接に、または、明白に関連するもの。
登録年月	2014年6月 （第38回世界遺産委員会ドーハ会議）
登録遺産の面積	42,668.16ha　バッファー・ゾーン　189,963.1ha

登録遺産の概要　シルクロード：長安・天山回廊の道路網は、キルギス、中国、カザフスタンの3か国にまたがる。世界遺産の登録面積は、42,668.16ha、バッファー・ゾーンは、189,963.1haである。世界遺産は、キルギスの首都ビシュケク（旧名フルンゼ）の東にあるクラスナヤ・レーチカ仏教遺跡など3か所、中国の唐の時代に盛名を馳せた仏法僧、玄奘三蔵（600年または602年～664年）がインドから持ち帰った経典を収めたとされる「大雁塔」（西安市）、「麦積山石窟寺」（甘粛省天水）、「キジル石窟」（新疆ウイグル自治区）など22か所、カザフスタンのアクトベ遺跡など8か所、合計33か所の都市、宮殿、仏教寺院などの構成資産からなる。シルクロードは、古代中国の長期間にわたり、政治、経済、文化の中心であった古都長安（現在の西安市）から洛陽、敦煌、天山回廊を経て中央アジアに至る約8,700kmの古代の絹の交易路である。シルクロードは、ユーラシア大陸の文明・文化を結び、広範で長年にわたる交流を実現した活力ある道で、世界史の中でも類いまれな例である。紀元前2世紀から紀元1世紀ごろにかけて各都市を結ぶ通商路として形成され、6～14世紀に隆盛期を迎え、16世紀まで幹線道として活用された。シルクロードの名前は、1870年代に、ドイツの地理学者リヒトホーフェン（1833～1905年）によって命名され、広く普及した。今後、シルクロードの他のルートも含めた登録範囲の延長、拡大も期待される。

分類	シリアル・ノミネーション（33遺跡群）、遺産の道
物件所在国	カザフスタン・キルギス・中国（Kazakhstan・Kyrgyzstan・China）
物件所在地	長安＜現在の西安市＞（中国）、スイアブ市（キルギス）、カヤリク（カザフスタン）
構成資産	□前漢長安城未央宮遺跡　中国 □スイアブ市(アク・ベシム遺跡)　キルギス □カヤリク遺跡　カザフスタン
備考	クラスナヤ・レーチカ仏教遺跡、「大雁塔」（西安市）などからなる。
参考URL	ユネスコ世界遺産センター　http://whc.unesco.org/en/list/1442

世界遺産ガイドー仏教関連遺産編ー

西安市にある大雁塔

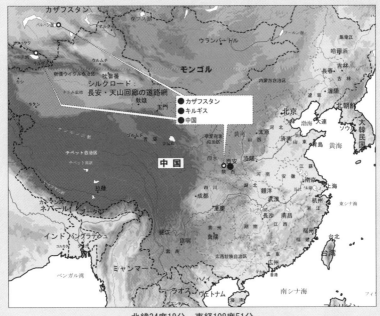

北緯34度18分　東経108度51分

交通アクセス　●西安へは西安咸陽国際空港から車。

仏教関連の世界遺産

シンクタンクせとうち総合研究機構

莫 高 窟

英語名	Mogao Caves
遺産種別	文化遺産
登録基準	(i) 人類の創造的天才の傑作を表現するもの。 (ii) ある期間を通じて、または、ある文化圏において、建築、技術、記念碑的芸術、町並み計画、景観デザインの発展に関し、人類の価値の重要な交流を示すもの。 (iii) 現存する、または、消滅した文化的伝統、または、文明の、唯一の、または、少なくとも稀な証拠となるもの。 (iv) 人類の歴史上、重要な時代を例証する、ある形式の建造物、建築物群、技術の集積、または、景観の顕著な例。 (v) 特に、回復困難な変化の影響下で損傷されやすい状態にある場合における、ある文化(または、複数の文化)或は、環境と人間との相互作用を代表する伝統的集落、または、土地利用の顕著な例。 (vi) 顕著な普遍的な意義を有する出来事、現存する伝統、思想、信仰、または、芸術的、文学的作品と、直接に、または、明白に関連するもの。
登録年月	1987年12月 (第11回世界遺産委員会パリ会議)
登録遺産の面積	― ha バッファー・ゾーン ― ha

登録遺産の概要 莫高窟(モーカオクー)は、西域へのシルクロードの戦略的な要衝として、交易のみならず、宗教や文化の十字路として繁栄を誇った敦煌の東南25kmのところにある。敦煌には、莫高窟、西千仏洞、楡林窟の石窟があるが、その代表の莫高窟は、甘粛省敦煌県の南東17kmの鳴沙山の東麓の断崖にある、南北の全長約1600m、492の石室が上下5層に掘られた仏教石窟群。石窟の内部には、4.5万㎡の壁画、4000余体の飛天があり、また、2415体の彩色の塑像が安置されていることから、千仏洞という俗称でも呼ばれている。最古の石窟は、5世紀頃に掘られたとされており、十六国、北魏、西魏、北周、隋、唐、五代、宋、西夏、元など16王朝にわたり、唐、宋時代の木造建築物が5棟残っている。莫高窟は、建築、絵画、彫塑をはじめ、過去百年間に、5万余点の文書や文物も発見され、総合的な歴史、芸術、文化の宝庫といえる。

分類	遺跡
物件所在国	中国 (China)
物件所在地	甘粛省敦煌市 (Dunhuang County, Gansu Province)
危険や脅威	砂漠化、過耕作、過放牧
備考	●南北の全長約1600m、492の石室が上下5層に掘られた仏教石窟群 ●中国三大石窟の一つ。
参考URL	ユネスコ世界遺産センター　http://whc.unesco.org/en/list/440

敦煌莫高窟

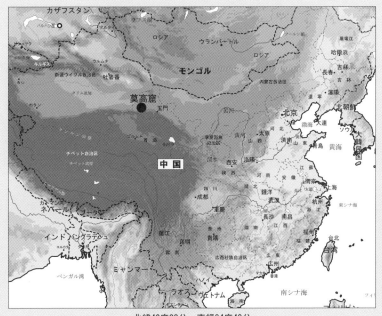

北緯40度08分　東経94度49分

交通アクセス　●敦煌へは西安から飛行機で2時間。莫高窟へは敦煌市内から車で20分。

ラサのポタラ宮の歴史的遺産群

英語名	Historic Ensemble of the Potala Palace, Lhasa
遺産種別	文化遺産
登録基準	(i) 人類の創造的天才の傑作を表現するもの。
	(iv) 人類の歴史上、重要な時代を例証する、ある形式の建造物、建築物群、技術の集積、または、景観の顕著な例。
	(vi) 顕著な普遍的な意義を有する出来事、現存する伝統、思想、信仰、または、芸術的、文学的作品と、直接に、または、明白に関連するもの。
登録年月	1994年12月 （第18回世界遺産委員会プーケット会議）
	2000年12月 （第24回世界遺産委員会ケアンズ会議）
	2001年12月 （第25回世界遺産委員会ヘルシンキ会議）
登録遺産の面積	60.5ha　バッファー・ゾーン　198.8ha

登録遺産の概要　ラサのポタラ宮の歴史的遺産群は、チベット自治区政府所在地のラサにある。ポタラ宮は、標高3700mの紅山の上に建つチベット仏教（ラマ教）の大本山。ラサもポタラもサンスクリット語で、神の地の普陀落（聖地）を意味する。7世紀に、ネパールと唐朝の王女を娶ったチベットの国王ソンツェン・ガンポ（在位？～649年）が山の斜面を利用して築いた宮殿式の城砦は、敷地面積41万㎡、建築面積13万㎡、宮殿主棟は、13層、高さ116m、東西420m、南北313mにわたる木と石で造られたチベット最大の建造物。完成までに50年の歳月を要したといわれる。宮殿は、紅宮と白宮に分かれ、歴代ダライ・ラマ（ダライは「偉大な」、ラマは「師」の意）の宮殿として使われた。999もある部屋には、仏像や膨大な仏典が納められている。チベット独特の伝統芸術が、彩色の壁画、宮殿内部の柱や梁に施された各種の彫刻などに見られる。一方、周辺には、大昭寺（チョカン寺）、デブン寺、セラ寺などラサ八景を構成するラマ教の古寺がある。当初は、ラサのポタラ宮が登録されていたが、2000年に登録範囲の拡大により、建物が優美で壁画がすばらしい大昭寺も加えられた。大昭寺は、漢、チベット、ネパール、インドの建築様式が巧みに融合し、廊下や殿堂には、歴史上の人物、事跡、神話、故事などを色鮮やかに描写した壁画が1000mにもわたって延々と描かれている。また、2001年に登録範囲の拡大により加えられたノルブリンカ（「大切な園林」という意味）は、歴代ダライ・ラマの避暑用の離宮であり、園内は樹木が茂り、花が咲き乱れ、殿閣も格別な趣がある。

分類	建造物群
物件所在国	中国（China）
物件所在地	チベット自治区ラサ市（Lhasa, Tibet Autonomous Region）
構成資産	□ポタラ宮（Potala Palace）
	□大昭寺（チョカン寺）（Jokhang Temple Monastery）
	□ノルブリンカ（Norbulingka）
危険や脅威	無秩序な都市開発
備考	ポタラ宮は、標高3700mの紅山の上に建つチベット仏教（ラマ教）の大本山。
参考URL	ユネスコ世界遺産センター　http://whc.unesco.org/en/list/707

ラサのポタラ宮

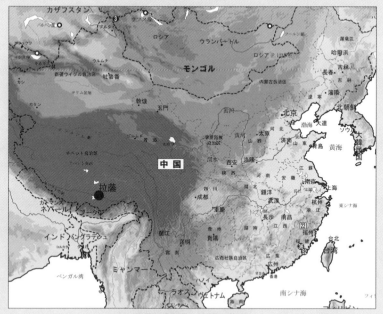

北緯29度39分　東経91度7分

交通アクセス　●ラサへは、北京、成都、或は、カトマンズから飛行機。
　　　　　　　ラサ市内へはゴンガ国際空港から車で1時間30分。
　　　　　　　ポタラ宮へはラサ市内からバスでポタラ宮前で下車。

盧山国立公園

英語名	Lushan National Park
遺産種別	文化遺産
登録基準	(ii) ある期間を通じて、または、ある文化圏において、建築、技術、記念碑的芸術、町並み計画、景観デザインの発展に関し、人類の価値の重要な交流を示すもの。 (iii) 現存する、または、消滅した文化的伝統、または、文明の、唯一の、または、少なくとも稀な証拠となるもの。 (iv) 人類の歴史上、重要な時代を例証する、ある形式の建造物、建築物群、技集積、または、景観の顕著な例。 (vi) 顕著な普遍的な意義を有する出来事、現存する伝統、思想、信仰、または、芸術的、文学的作品と、直接に、または、明白に関連するもの。
登録年月	1996年12月 （第20回世界遺産委員会メリダ会議）
登録遺産の面積	- ha　バッファー・ゾーン　- ha

登録遺産の概要　盧山（ルーサン）は、江西省九江市の南にある陽湖のほとりにある「奇秀にして天下に冠たり」といわれる名山であり、中国文明の精神的中心地の一つ。盧山の最高峰は海抜1474mの大漢陽で、美しくそびえ立つ五老峰や九奇峰などの峰々、変幻きわまりない雲海、神奇な泉と滝、東晋時代の仏教浄土教の発祥地である東林寺、中国古代の最初の高等学府のひとつである白鹿洞書院をはじめ、道教、儒教の寺院が混在している。盧山には、それぞれの宗派の最高指導者達が集い、北峰の香爐峰など多くの尖峰からなる風景と相俟って、有名な詩「望盧山瀑布」を読んだ李白のほか、杜甫、白居易、陶淵明などの文人墨客をはじめ数多くの芸術家達にも多大な影響を与えた。盧山風景名勝区に指定されている。

分類	建造物群、文化的景観
物件所在国	中国 （China）
物件所在地	江西省九江市 （Jiujiang City, Jiangxi Province）
ゆかりの人物	李白、杜甫、白居易、陶淵明
備考	東晋時代の仏教浄土教の発祥地である東林寺などがある。
参考URL	ユネスコ世界遺産センター　http://whc.unesco.org/en/list/778

世界遺産ガイド-仏教関連遺産編-

盧山国立公園

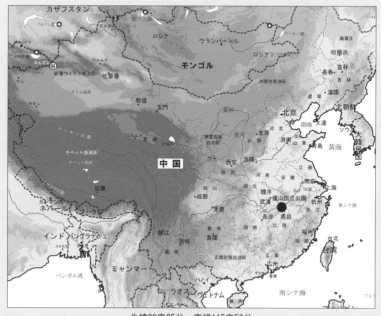

北緯29度25分　東経115度52分

交通アクセス　●南昌から車で2時間。

仏教関連の世界遺産

楽山大仏風景名勝区を含む峨眉山風景名勝区

英語名	Mount Emei Scenic Area, including Leshan Giant Buddha Scenic Area
遺産種別	複合遺産
登録基準	(iv) 人類の歴史上、重要な時代を例証する、ある形式の建造物、建築物群、技術の集積、または、景観の顕著な例。 (vi) 顕著な普遍的な意義を有する出来事、現存する伝統、思想、信仰、または、芸術的、文学的作品と、直接に、または、明白に関連するもの。 (x) 生物多様性の本来的保全にとって、もっとも重要かつ意義深い自然生息地を含んでいるもの。これには、科学上、または、保全上の観点から、すぐれて普遍的価値をもつ絶滅の恐れのある種が存在するものを含む。
登録年月	1996年12月 （第20回世界遺産委員会メリダ会議）
登録遺産の面積	15,400 ha

登録遺産の概要 峨眉山（オーメイサン）は、四川省の省都である成都から225km離れた四川盆地の西南端にある。中国の仏教の四大名山（峨眉山、五台山、九華山、普陀山）の一つで、普賢菩薩の道場でもある仏教の聖地。峨眉山の山上には982年に建立された報国寺など寺院が多く、「世界平和を祈る弥勒法会」などの仏教行事がよく行われる。また、峨眉山は、亜熱帯から亜高山帯に広がる植物分布の宝庫でもあり、樹齢千年を越す木も多い。一方、楽山（ローサン）は、中国の有名な観光地で、内外に名高い歴史文化の古い都市である。その東にある凌雲山の断崖に座する弥勒仏の楽山大仏（ローサンダーフォー）は、大渡河、岷江など3つの川を見下ろす岩壁の壁面に彫られた高さ71m、肩幅28m、耳の長さが7mの世界最大の磨崖仏で、713年から90年間かかって造られた。俗に「山が仏なり仏が山なり」といわれ、峨眉山と共に、豊かな自然景観と文化的景観を見事に融合させている。

分類	建造物群、文化的景観
物件所在国	中国 （China）
物件所在地	四川省峨眉山市 （Eimeishan City, Sichuan Province）
構成資産	□峨眉山風景名勝区 （ Mount Emei Scenic Area） □楽山大仏風景名勝区 （Leshan Giant Buddha Scenic Area）
備考	峨眉山は、中国の仏教の四大名山（峨眉山、五台山、九華山、普陀山）の一つ。
参考URL	ユネスコ世界遺産センター　http://whc.unesco.org/en/list/779

世界遺産ガイド－仏教関連遺産編－

楽山大仏

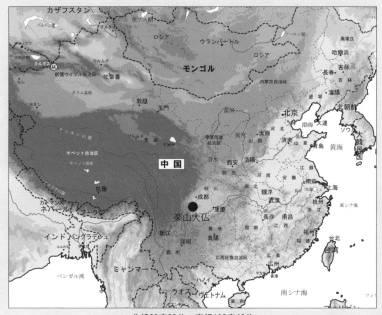

北緯29度32分　東経103度46分

交通アクセス　●成都から列車で2時間30分。

仏教関連の世界遺産

シンクタンクせとうち総合研究機構

大足石刻

英語名	Dazu Rock Carvings
遺産種別	文化遺産
登録基準	(i) 人類の創造的天才の傑作を表現するもの。 (ii) ある期間を通じて、または、ある文化圏において、建築、技術、記念碑的芸術、町並み計画、景観デザインの発展に関し、人類の価値の重要な交流を示すもの。 (iii) 現存する、または、消滅した文化的伝統、または、文明の、唯一の、または、少なくとも稀な証拠となるもの。
登録年月	1999年12月（第23回世界遺産委員会マラケシュ会議）
登録遺産の面積	20.41ha　バッファー・ゾーン　211.12ha

登録遺産の概要　大足石刻（ダァズシク）は、重慶市街から160km離れた四川盆地の中にある大足県内の北山（Beishan）、宝頂山（Baodingshan）、南山（Nanshan）、石篆山（Shizhuanshan）、石門山（Shimenshan）一帯の断崖にある摩崖造像の総称。これらは、中国の晩期の石刻芸術の精華を集めた独特な風格をもち、甘粛省の敦煌にある莫高窟 山西省の大同にある雲崗石窟 河北省の洛陽にある龍門石窟に並ぶ秀作。この一帯には76の石窟があり、合わせて10万体の石像があり、石刻銘文は10万字にも及ぶ。仏教の石像を主としているが、儒教と道教の石像もある。唐（618〜907年）の末期に掘削と彫刻が始まった大足石刻は、五代を経て、両宋時代に最盛期を迎えた。なかでも宝頂山の石刻は、規模、精巧さ、内容のいずれにおいても圧巻で、大仏湾と呼ばれる崖の摩岩仏、全長が31mもある釈迦涅槃像は、きわめて芸術価値が高い。また、北山の心神車窟の普賢菩薩の像は、美しい東洋の女性の形に模して造られたといわれ、面立ちがきりっと美しいので、東洋のビーナスと称えられている。中国重点保護文化財。

分類	建造物群
物件所在国	中国（China）
物件所在地	四川省重慶市大足県北山（Beishan）、宝頂山（Baodingshan）、南山（Nanshan）、石篆山（Shizhuanshan）、石門山（Shimenshan）
構成資産	□北山の摩崖石刻 □宝頂山の摩崖石刻 □南山の摩崖石刻 □石篆山の摩崖石刻 □石門山の摩崖石刻
文化施設	重慶大足石刻美術博物館
備考	仏教の石像を主としている。
参考URL	ユネスコ世界遺産センター　http://whc.unesco.org/en/list/912

大足石刻

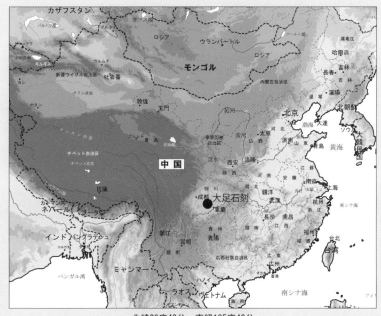

北緯29度42分　東経105度42分

交通アクセス　●重慶から大足までは車で2時間、或は、重慶から列車で大足駅まで。

龍門石窟

英語名	Longmen Grottoes
遺産種別	文化遺産
登録基準	(i) 人類の創造的天才の傑作を表現するもの。 (ii) ある期間を通じて、または、ある文化圏において、建築、技術、記念碑的芸術、町並み計画、景観デザインの発展に関し、人類の価値の重要な交流を示すもの。 (iii) 現存する、または、消滅した文化的伝統、または、文明の、唯一の、または、少なくとも稀な証拠となるもの。
登録年月	2000年12月（第24回世界遺産委員会ケアンズ会議）
登録遺産の面積	331ha　バッファー・ゾーン　1,042ha
登録遺産の概要	龍門（ロンメン）石窟は、河南省洛陽の南14km、伊水の両岸の龍門山（西山）と香山（東山）の岩肌に刻み込まれた仏教石窟群。龍門の石窟と壁龕（へきがん）は、北魏朝後期（493年）から唐朝初期（907年）にかけての中国最大規模かつ最も感動的な造形芸術の集大成。代表的な石窟は、北魏時代の古陽洞、賓陽洞、蓮花洞と唐時代の潜渓寺洞、万仏洞などで圧巻。龍門石窟で見られる美術は仏教から題材をとったものばかりであり、中国の石仏彫刻の最盛期を代表している。敦煌の莫高窟、大同の雲崗石窟と並び中国三大石窟の一つに数えられている。
分類	遺跡群
物件所在国	中国（China）
物件所在地	河南省洛陽市（Luoyang City, Henan Province）
ゆかりの人物	北魏の孝文帝、則天武后
備考	●龍門山（西山）と香山（東山）の岩肌に刻み込まれた仏教石窟群。 ●中国三大石窟の一つ。
日本との関係	●洛陽市と岡山市とは姉妹都市提携の関係にある。 ●大阪市立美術館、大原美術館が龍門石窟の石仏を所蔵。
参考URL	ユネスコ世界遺産センター　http://whc.unesco.org/en/list/1003

世界遺産ガイド－仏教関連遺産編－

龍門石窟

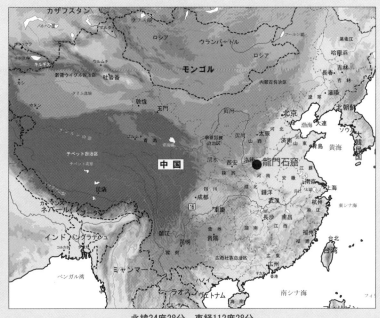

北緯34度28分　東経112度28分

仏教関連の世界遺産

交通アクセス　●洛陽から53路バスで、龍門橋で下車。

シンクタンクせとうち総合研究機構　　103

雲崗石窟

英語名	Yungang Grottoes
遺産種別	文化遺産
登録基準	(i) 人類の創造的天才の傑作を表現するもの。 (ii) ある期間を通じて、または、ある文化圏において、建築、技術、記念碑的芸術、町並み計画、景観デザインの発展に関し、人類の価値の重要な交流を示すもの。 (iii) 現存する、または、消滅した文化的伝統、または、文明の、唯一の、または、少なくとも稀な証拠となるもの。 (iv) 人類の歴史上、重要な時代を例証する、ある形式の建造物、建築物群、技術の集積、または、景観の顕著な例。
登録年月	2001年12月（第25回世界遺産委員会ヘルシンキ会議）
登録遺産の面積	348.75ha　バッファー・ゾーン　846.81ha

登録遺産の概要　雲崗石窟は、山西省北部、石炭の街としても有名な大同市の西16kmの武周山の麓にある中国の典型的な石彫芸術である。雲崗石窟は、敦煌の莫高窟、洛陽の龍門石窟と並んで、中国三大石窟の一つに数えられる有名な仏教芸術の殿堂。雲崗石窟は、北魏の皇帝拓跋濬（僧曇曜）が4人の先帝（道武帝・明元帝・太武帝・太子晃）を偲んで造営した。1500年前の北魏時代から断崖に掘削され、453～525年の比較的短い期間に造られた。東西1kmに、雲崗石窟最大の高さ25m、幅42mの第3窟、最も古く雲崗石窟のシンボルともいえる露天大仏（第20窟）がある第16～第20窟の曇曜五窟、五花窟（五華洞）と呼ばれる第9～第13窟など53の石窟と5万1000点以上の石像が残っている。雲崗石窟は、中国文化と共にインドのガンダーラ・グプタ様式や中央アジア様式の影響を受け、また、後世にも重要な影響を与えた。雲崗石窟は、1902年に日本人の伊東忠太東京帝国大学教授（築地本願寺を設計した学者）によって発見され、世間の注目を浴びた。大同市にあることから大同石窟とも呼ばれている。

分類	モニュメント
物件所在国	中国（China）
物件所在地	山西省大同市（Datong City, Shanxi Province）
ゆかりの人物	伊東忠太東京帝国大学教授（築地本願寺を設計した学者）
備考	中国三大石窟の一つに数えられる有名な仏教芸術の殿堂
参考URL	ユネスコ世界遺産センター　http://whc.unesco.org/en/list/1039

世界遺産ガイド－仏教関連遺産編－

雲崗石窟

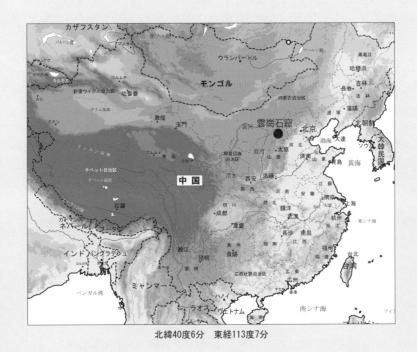

北緯40度6分　東経113度7分

交通アクセス　●大同市内から車、或は、バスで90分。

仏教関連の世界遺産

シンクタンクせとうち総合研究機構　　105

五台山

英語名	Mount Wutai
遺産種別	文化遺産
登録基準	(ii) ある期間を通じて、または、ある文化圏において、建築、技術、記念碑的芸術、町並み計画、景観デザインの発展に関し、人類の価値の重要な交流を示すもの。 (iii) 現存する、または、消滅した文化的伝統、または、文明の、唯一の、または、少なくとも稀な証拠となるもの。 (iv) 人類の歴史上、重要な時代を例証する、ある形式の建造物、建築物群、技術の集積、または、景観の顕著な例。 (vi) 顕著な普遍的な意義を有する出来事、現存する伝統、思想、信仰、または、芸術的、文学的作品と、直接に、または、明白に関連するもの。
登録年月	2009年6月（第33回世界遺産委員会セビリア会議）
登録遺産の面積	18,415ha　バッファー・ゾーン　42,312ha

登録遺産の概要　五台山は、中国の北東部、山西省の東北部の五台県にある。世界遺産の登録面積は、18,415ha、バッファー・ゾーンは、42,312haである。五台山は、標高3,058m、東台 望海峰、西台 挂月峰、南台 錦綉峰、北台 葉頭峰、中台 翠岩峰の5つの平坦な峰をもった仏教の文殊菩薩の聖山で、53の寺院群などが文化的景観を形成し、土の彫刻群がある唐朝の木造建造物が残っている。五台山の建造物群は、全体的に仏教建築の手法を提示するものであり、1千年以上にわたる中国の宮殿建造物に発展させ影響を与えた。五台山は、中国北部で最も高い山で、寺院群は、1世紀以降20世紀の初期まで、五台山に建造された。五台山は、観音菩薩の霊場である普陀山、普賢菩薩の霊場である峨眉山、地蔵菩薩の霊場である九華山と並んで、中国仏教の代表的な聖地である。唐代の円仁、霊仙、行基、宋代の成尋など日本の僧もこの地を訪れている。2009年の世界遺産登録に際しては、複合遺産をめざしていたが、自然遺産の価値は評価されず、文化遺産として登録された。

分類	遺跡群、文化的景観
物件所在国	中国（China）
物件所在地	山西省五台県
構成資産	□台懐鎮（Taihuai） □佛光寺（Foguang Temple）
備考	中国仏教の代表的な聖地
参考URL	ユネスコ世界遺産センター　http://whc.unesco.org/en/list/1279

世界遺産ガイド－仏教関連遺産編－

五台山　顕通寺

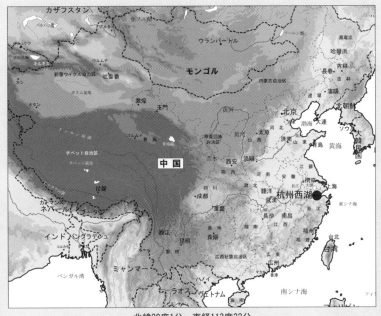

北緯39度1分　東経113度33分

仏教関連の世界遺産

交通アクセス　　●北京から鉄道K701乗車後、「五台山駅」で下車。

シンクタンクせとうち総合研究機構

「天地の中心」にある登封の史跡群

英語名	Historic Monuments of Dengfeng in "The Centre of Heaven and Earth"
遺産種別	文化遺産
登録基準	(iii) 現存する、または、消滅した文化的伝統、または、文明の、唯一の、または、少なくとも稀な
	(vi) 顕著な普遍的な意義を有する出来事、現存する伝統、思想、信仰、または、芸術的、文学的作品と、直接に、または、明白に関連するもの。
登録年月	2010年8月（第34回世界遺産委員会ブラジリア会議）
登録遺産の面積	825ha　バッファー・ゾーン　3,438.1ha

登録遺産の概要　「天地の中心」にある登封の史跡群は、華北平原の西部、河南省鄭州市登封市の嵩山と周辺地域にある。嵩山は、太室と少室の2つの山からなり、主峰は海抜1440mの峻極峰である。嵩山は、古代より道教、仏教、儒教の聖地として崇められ、古代の帝王は、ここで、天と地を祭る封禅の儀式を催してきた中国の聖山の中心で、中国五岳の一つである。歴史が長く、種類も豊富で、各種の文化的意義を持った古代建築群には、碑刻や壁画などさまざまな文化財が残り、唯一無二の文化景観をなしている。また、中国の古い文化伝統や秀でた科学技術、芸術の成果を今に示しており、東洋文明の発祥地としての文明の起源と文化の融合における重要な役割を反映し、その文化は現在にも継続され発展し続けている。「天地の中心」にある登封の史跡群は、面積が約40km²、太室闕及び中岳廟、少室闕、啓母闕、嵩岳寺塔、少林寺建築群、会善寺、嵩陽書院、周公観景台と観星台の8つの史跡群、367の建造物群からなる。漢代から2000年余りにわたる発展を通じて、周囲に及ぼしてきた影響ははかり知れず、宗教、儀礼、建築、芸術、科学、技術、教育、文化などの面で大きな成果をあげ、その歴史的価値は非常に大きい。

分類	シリアル・ノミネーション（8建造物群）、建造物群
物件所在国	中国（China）
物件所在地	河南省鄭州市登封市
構成資産	☐Taishi Que Gates, Zhongue Temple　☐Shaoshi Que Gates ☐Qimu Que Gates　☐Songye Temple Pagoda　☐Architectural Complex of Shaolin Temple (Kernel Compound, Chuzu Temple, Pagoda Forest) ☐Huishan Temple　☐Songyang Academy of Classical Learning ☐Observatory
備考	嵩山は、古代より道教、仏教、儒教の聖地として崇められ、古代の帝王は、ここで、天と地を祭る封禅の儀式を催してきた中国の聖山の中心で、中国五岳の一つ
参考URL	ユネスコ世界遺産センター　http://whc.unesco.org/en/list/1305

世界遺産ガイド-仏教関連遺産編-

登封の史跡

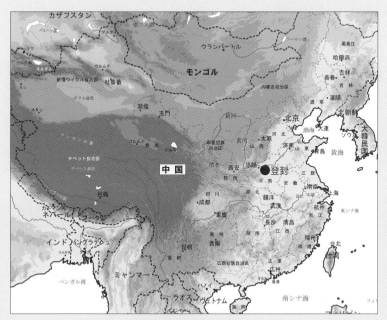

北緯34度27分　東経113度4分

交通アクセス　●登封へは洛陽からバス。

仏教関連の世界遺産

杭州西湖の文化的景観

英語名	West Lake Cultural Landscape of Hangzhou
遺産種別	文化遺産
登録基準	(ii) ある期間を通じて、または、ある文化圏において、建築、技術、記念碑的芸術、町並み計画、景観デザインの発展に関し、人類の価値の重要な交流を示すもの。 (iii) 現存する、または、消滅した文化的伝統、または、文明の、唯一の、または、少なくとも稀な証拠となるもの。 (vi) 顕著な普遍的な意義を有する出来事、現存する伝統、思想、信仰、または、芸術的、文学的作品と、直接に、または、明白に関連するもの。
登録年月	2011年6月 (第35回世界遺産委員会パリ会議)
登録遺産の面積	3,322.88ha　バッファー・ゾーン　7,270.31ha

登録遺産の概要　杭州西湖の文化的景観は、中国の東部、浙江省の省都杭州市内の西にある。杭州西湖の文化的景観は、西湖と丘陵からなり、その美しさは、9世紀以降、白居易や蘇東坡(蘇軾)などの有名な詩人、学者、芸術家を魅了した。杭州西湖の文化的景観は、白堤や蘇堤などの堤や湖心亭などの人工の島々のほか、霊隠寺、浄慈寺など数多くの寺院群、六和塔などの仏塔群、東屋群、庭園群、柳などの観賞用の木々からなる。西湖は、杭州市内の西から長江の南に至る一帯の景観のみならず、何世紀にもわたって、日本や韓国の庭園設計にも影響を与えた。杭州西湖の文化的景観は、自然と人間との理想的な融合を反映した一連の眺望を創出する景観改善の文化的伝統の類いない証明である。

分類	遺跡、文化的景観
物件所在国	中国 (China)
物件所在地	浙江省杭州市
ゆかりの人物	白居易や蘇東坡(蘇軾)などの有名な詩人、学者、芸術家
備考	杭州西湖の文化的景観は、霊隠寺、浄慈寺など数多くの寺院群、六和塔などの仏塔群からなる。
URL	ユネスコ世界遺産センター　http://whc.unesco.org/en/list/1334

世界遺産ガイド－仏教関連遺産編－

杭州西湖の文化的景観

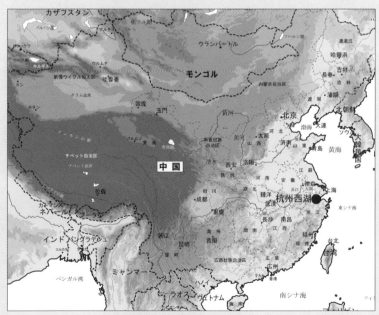

北緯30度14分　東経120度8分

交通アクセス　●上海から高速鉄道で杭州東駅下車、地下鉄の火車東駅経由龍翔橋駅下車、徒歩。

仏教関連の世界遺産

シンクタンクせとうち総合研究機構

八萬大蔵経のある伽倻山海印寺

英語名	Haeinsa Temple Janggyeong Panjeon, the Depositories for the *Tripitaka Koreana* Woodblocks
遺産種別	文化遺産
登録基準	(iv) 人類の歴史上、重要な時代を例証する、ある形式の建造物、建築物群、技術の集積、または、景観の顕著な例。 (vi) 顕著な普遍的な意義を有する出来事、現存する伝統、思想、信仰、または、芸術的、文学的作品と、直接に、または、明白に関連するもの。
登録年月	1995年12月 (第19回世界遺産委員会ベルリン会議)
登録遺産の面積	- ha バッファー・ゾーン - ha
登録遺産の概要	伽倻山 (カヤサン) は、韓国の南部、慶尚南道陝川郡にあり韓国仏教の中心地である国立公園。伽倻山の南麓にある海印寺 (ヘインサ) は、統一新羅時代の802年に僧の順応と理貞によって創建された名刹。海印寺には、この世の仏典すべてを集めた81258枚の仏教聖典である国宝第32号の八萬大蔵経 (パルマンデジャンギョン) と、この大蔵経板 (経板一枚の大きさは、縦24cm、横69cm、厚さ2.6〜3.9cmの木版印刷用の刻板) が完全な形で保存されている。これらは、高麗高宗23年 (1236年) から16年という長い歳月をかけて、仏力で蒙古軍の侵略を撃退しようとする祈願で造られたものである。八萬大蔵経を保管する蔵経板庫 (ジャンギョンパンゴ) は、1488年に建てられた木版保存用の建造物で、風通しと湿度調整が理想的に設計されている。尚、海印寺の大蔵経板は、「世界の記憶」にも登録されている。
分類	建造物群
物件所在国	韓国 (Republic of Korea)
物件所在地	慶尚南道陝川郡
構成資産	□伽倻山 (カヤサン) □海印寺 (ヘインサ)
備考	●韓国仏教の中心地 ●海印寺の大蔵経板は、「世界の記憶」(世界記憶遺産)
参考URL	ユネスコ世界遺産センター　http://whc.unesco.org/en/list/737

世界遺産ガイド－仏教関連遺産編－

海印寺全景

北緯35度47分　東経128度5分

交通アクセス　●大邱西部ターミナルからバスで1時間30分。

仏教関連の世界遺産

石窟庵と仏国寺

英語名	Seokguram Grotto and Bulguksa Temple
遺産種別	文化遺産
登録基準	(i) 人類の創造的天才の傑作を表現するもの。 (iv) 人類の歴史上、重要な時代を例証する、ある形式の建造物、建築物群、技術の集積、または、景観の顕著な例。
登録年月	1995年12月 (第19回世界遺産委員会ベルリン会議)
登録遺産の面積	― ha バッファー・ゾーン ― ha

登録遺産の概要 石窟庵と仏国寺は、新羅王朝(紀元前57年～紀元後935年)の都であった慶州市(慶尚北道)の東の郊外にあり、一帯は、慶州国立公園に指定されている。石窟庵(ソクラム)は、8世紀に、伝統的な仏教信仰の聖地である吐含山(トハムサン745m)の頂上に建築された、微笑みを浮かべながら東の海の方を見つめる石仏像を擁する世界的な石像建築物で、韓国の国宝第24号に指定されている。石窟の主室には、751年に新羅35代の景徳王時代の宰相の金大成が、両親の為に創建した本尊の釈迦如来座像を中心に、豊かな表情と独特の芸術性を持った39体の仏像彫刻が、円形の石窟内に調和よく配置されており、極東の仏教芸術の最高傑作といわれている。日の出、月の出の名所としても広く知られている。一方、仏国寺(プルグクサ)は、吐含山の麓にあり、530年頃に創建され、220年後の752年に建立された新羅時代に栄えた仏教文化の集大成といわれる寺院である。壬辰の乱(1592年)で焼失し、現在の建物は、その後、修復されたもの。韓国名刹の一つで、韓国の建築技術と仏教信仰の中心となっており、伽藍は鮮やかな丹青で細密に彩色された大雄殿のある東院と極楽殿のある西院とからなり、内部には8つの国宝が保存されている。なかでも、境内にある二基の石塔―曲線の均衡が美しい三層石塔の西の釈迦塔、精巧な石造りの東の多宝塔が印象的。仏国寺へは、慶州駅からバスで約30～40分、日の出、月の出の名所としても広く知られる石窟庵へは、仏国寺バス停から約15分で行くことができる。

分類	建造物群
物件所在国	韓国 (Republic of Korea)
物件所在地	慶尚北道慶州市 (Gyeongju City, Gyeongsangbuk-do Province)
構成資産	□石窟庵(ソクラム) □仏国寺(プルグクサ)
備考	●伝統的な仏教信仰の聖地である吐含山の頂上に建築された石窟庵 ●石窟庵の本尊の釈迦如来座像や仏像彫刻は極東の仏教芸術の最高傑作 ●仏国寺は、吐含山の麓に新羅時代に栄えた仏教文化の集大成
参考URL	ユネスコ世界遺産センター http://whc.unesco.org/en/list/736

世界遺産ガイドー仏教関連遺産編一

仏国寺多宝塔

北緯35度46分　東経129度20分

交通アクセス　●仏国寺へは、慶州駅からバスで約30〜40分
　　　　　　　●石窟庵へは、仏国寺バス停から約15分

仏教関連の世界遺産

シンクタンクせとうち総合研究機構

慶州の歴史地域

英語名	Gyeongju Historic Areas
遺産種別	文化遺産
登録基準	(ii) ある期間を通じて、または、ある文化圏において、建築、技術、記念碑的芸術、町並み計画、景観デザインの発展に関し、人類の価値の重要な交流を示すもの。 (iii) 現存する、または、消滅した文化的伝統、または、文明の、唯一の、または、少なくとも稀な証拠となるもの。
登録年月	2000年12月（第24回世界遺産委員会ケアンズ会議）
登録遺産の面積	2,880ha　バッファー・ゾーン　350ha
登録遺産の概要	慶州（キョンジュ）の歴史地域は、韓国の東南部、慶州市の市内及び郊外に分布する。慶州は、紀元前57年から紀元後935年まで、新羅王朝千年の古都として繁栄した。慶州市内は、遺跡の性格により南山、月城、大陵苑、皇竜寺、山城の5つの地区に分けられる。新羅の歴史と仏教精神が融合した聖山である南山地区は、慶州市南部にあり、新羅の歴代王が酒宴や詩宴会を開いた鮑石亭や磨崖仏などが残っている。月城地区には、かつて新羅王宮があった月城や7世紀に建てられた瓶の形をした東洋最古の天文台の瞻星台、新羅王族の休養地であった雁鴨池、新羅金王朝の始祖が生まれた鶏林などがある。大陵苑地区は、古墳公園地区とも呼ばれ、新羅王族の天馬塚など大小23基の古墳群があり、金冠、天馬図などが発掘された。皇竜寺地区には、皇竜寺跡地や芬皇寺があり、当時の大寺院の雄大さを物語っている。また、東部普門湖近くの山城地区には、明活山城がある。慶州は、「屋根のない博物館」と呼ばれる様に、朝鮮における仏教芸術および世俗建築の発展に特に重大な影響を与えた仏像、レリーフ、仏塔、寺院跡、宮殿跡など数多くの史跡や建造物が残っており、現在も発掘作業が続けられている。
分類	建造物群
物件所在国	韓国（Republic of Korea）
物件所在地	慶尚北道慶州市（Gyeongju City, Gyeongsangbuk-do Province）
構成資産	□Mt. Namsan Belt　□Wolsong Belt　□Tumuli Park Belt □Hwangnyongsa Belt　□Sansong (Fortress) Belt
備考	●南山地区は新羅の歴史と仏教精神が融合した聖山 ●慶州は朝鮮における仏教芸術および世俗建築の発展に特に重大な影響を与えた仏像、レリーフ、仏塔、寺院跡などの史跡や建造物が数多く残っている。
参考URL	ユネスコ世界遺産センター　http://whc.unesco.org/en/list/976

世界遺産ガイド-仏教関連遺産編-

慶州三重石塔

北緯35度47分　東経129度13分

交通アクセス　●慶州駅からバス。

仏教関連の世界遺産

シンクタンクせとうち総合研究機構

百済の歴史地区群

英語名	Baekje Historic Areas
遺産種別	文化遺産
登録基準	(ii) ある期間を通じて、または、ある文化圏において、建築、技術、記念碑的芸術、町並み計画、景観デザインの発展に関し、人類の価値の重要な交流を示すもの。 (iii) 現存する、または、消滅した文化的伝統、または、文明の、唯一の、または、少なくとも稀な証拠となるもの。
登録年月	2015年7月 (第39回世界遺産委員会ボン会議)
登録遺産の面積	135.1ha　バッファー・ゾーン　303.64ha
登録遺産の概要	百済(ペクチェ)の歴史地区群は、韓国の西部、忠清南道の公州市の公山城、公州の松山里古墳群、宋山里古墳群、扶余郡の官北里遺跡、扶蘇山城、扶余の陵山里古墳群、扶余の定林寺跡、扶余の羅城、全羅北道の益山市の王宮里遺跡、益山市の弥勒寺跡の百済時代を代表する8つの構成資産からなる。百済とは、古代朝鮮の高句麗、百済、新羅の三国の時代の一つで、朝鮮半島の西南部に拠った王国である。4世紀半ばに部族国家の馬韓の北部の伯済国が建国、都を漢城としたが、のち高句麗に圧迫され、熊津・扶余と変えた。百済は、建国当初から関係を保ち、仏教その他の大陸文化を伝えたが、660年に新羅と唐の連合軍に滅ぼされた。
分類	シリアル・ノミネーション (8遺跡群)
物件所在国	韓国 (Republic of Korea)
物件所在地	忠清南道公州市、扶余郡・扶余、全羅北道益山市
構成資産	□Gongsanseong Fortress　□Royal Tombs in Songsan-ri □Archeological Site in Gwanbuk-ri and Busosanseong Fortress □Jeongnimsa Temple Site　□Royal Tombs in Neungsan-ri □Naseong City Wall　□Archeological Site in Wanggung-ri □Mireuksa Temple Site
備考	●扶余の定林寺跡、益山市の弥勒寺跡など百済時代を代表する構成資産からなる。 ●百済は、建国当初から、仏教その他の大陸文化を伝えた。
参考URL	ユネスコ世界遺産センター　http://whc.unesco.org/en/list/1477

世界遺産ガイド－仏教関連遺産編－

扶余の定林寺跡

北緯36度27分　東経127度7分

交通アクセス　●扶余へは公州駅または論山駅から車。

仏教関連の世界遺産

山寺(サンサ)、韓国の仏教山岳寺院群

英語名	Sansa, Buddhist Mountain Monasteries in Korea
遺産種別	文化遺産
登録基準	(iii) 現存する、または、消滅した文化的伝統、または、文明の、唯一の、または、少なくとも稀な証拠となるもの。
登録年月	2018年7月(第42回世界遺産委員会マナーマ会議)
登録遺産の面積	55.43ha　バッファー・ゾーン　1,323.11 ha

登録遺産の概要　山寺(サンサ)、韓国の仏教山岳寺院群は、韓国の山岳部、創建以来、信仰、修行、生活の機能を併せ持つ伝統的な総合寺院群である。世界遺産の登録面積は55.43ha、バッファーゾーンは1323.11ha、構成資産は慶尚南道・梁山の通度寺(韓国三大名刹の一つ)、慶尚北道・栄州の新羅時代に創建された浮石寺、慶尚北道・安東の鳳停寺、忠清北道・報恩の韓国唯一の木造五重塔で知られる法住寺、忠清南道・公州の麻谷寺、仙岩寺、全羅南道・海南、全羅南道・順天の大興寺の7寺院が当初の申請通り登録された。これらの寺院群は、信仰的機能や修行者の暮らしと文化を含む儀礼までをそのままに引き継ぐ生きた遺産である。

分類	シリアル・ノミネーション(7遺跡群)
物件所在国	韓国(Republic of Korea)
物件所在地	慶尚南道・梁山、慶尚北道・栄州、慶尚北道・安東の鳳停寺、忠清北道・報恩、忠清南道・公州、全羅南道・海南、全羅南道・順天
構成資産	□通度寺 □浮石寺 □鳳停寺 □法住寺 □麻谷寺 □仙岩寺 □大興寺
備考	韓国の仏教山岳寺院群
参考URL	ユネスコ世界遺産センター　http://whc.unesco.org/en/list/1562

慶尚南道・梁山の通度寺

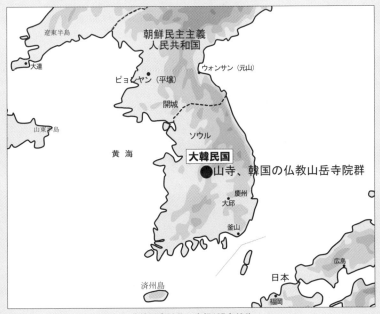

北緯36度32分　東経127度49分

交通アクセス　●通度寺は釜山中心部から車で約1時間。

法隆寺地域の仏教建造物

英語名	Buddhist Monuments in the Horyu-ji Area
遺産種別	文化遺産
登録基準	(i) 人類の創造的天才の傑作を表現するもの。 (ii) ある期間を通じて、または、ある文化圏において、建築、技術、記念碑的芸術、町並み計画、景観デザインの発展に関し、人類の価値の重要な交流を示すもの。 (iv) 人類の歴史上、重要な時代を例証する、ある形式の建造物、建築物群、技術の集積、または、景観の顕著な例。 (vi) 顕著な普遍的な意義を有する出来事、現存する伝統、思想、信仰、または、芸術的、文学的作品と、直接に、または、明白に関連するもの。
登録年月	1993年12月 (第17回世界遺産委員会カルタヘナ会議)
登録遺産の面積	15.3ha　バッファー・ゾーン　571ha
登録遺産の概要	法隆寺地域の仏教建造物は、奈良県生駒郡斑鳩町にあり、法隆寺、法起寺からなる。日本には8世紀以前に建立された木造建造物が28棟残るが、その内11棟が法隆寺地域に所在する。法隆寺は、世界最古の木造建築物の中門、金堂、日本の塔の中で最古の五重塔などからなる西院伽藍、夢殿を中心とした東院伽藍などからなる。また、法起寺には日本最古の三重塔が残存する。この地域は、その他にも多くの古刹にも恵まれ、日本の仏教寺院の全歴史を物語る文化遺産がここに総合されている。法隆寺地域は、建造物群だけではなく、釈迦三尊像、百済観音像、救世観音像などの仏像、法隆寺会式(聖霊会)などの宗教儀礼、学問、歴史、信仰など日本の仏教文化の宝庫ともいえ、斑鳩の里として、日本人の心のふるさとになっている。
分類	建造物群
物件所在国	日本 (Japan)
物件所在地	奈良県生駒郡斑鳩町
構成資産	□法隆寺 □法起寺
備考	●日本の仏教寺院の全歴史を物語る文化遺産 ●法隆寺地域は、建造物群だけではなく、釈迦三尊像、百済観音像、救世観音像などの仏像、法隆寺会式(聖霊会)などの宗教儀礼、学問、歴史、信仰など日本の仏教文化の宝庫 ●法隆寺【聖徳宗 総本山】、法起寺
参考URL	ユネスコ世界遺産センター　http://whc.unesco.org/en/list/660

法隆寺

北緯34度37分　東経135度44分

交通アクセス　●法隆寺へはJR法隆寺駅より徒歩約20分　バス「法隆寺参道」行き　法隆寺参道下車
　　　　　　　●法起寺へはJR法隆寺駅より北東2.5km

古都京都の文化財（京都市　宇治市　大津市）

英語名	Historic Monuments of Ancient Kyoto (Kyoto, Uji and Otsu Cities)
遺産種別	文化遺産
登録基準	(ii) ある期間を通じて、または、ある文化圏において、建築、技術、記念碑的芸術、町並み計画、景観デザインの発展に関し、人類の価値の重要な交流を示すもの。 (iv) 人類の歴史上、重要な時代を例証する、ある形式の建造物、建築物群、技術の集積、または、景観の顕著な例。
登録年月	1994年12月（第18回世界遺産委員会プーケット会議）
登録遺産の面積	1,056.1ha　バッファー・ゾーン　3,579.1ha

登録遺産の概要　古都京都の文化財は、794年に古代中国の都城を模範につくられた平安京とその近郊が対象地域で、平安、鎌倉、室町、桃山、江戸の各時代にわたる建造物、庭園などが数多く存在する。世界遺産に登録されている物件は、賀茂別雷神社(上賀茂神社)、教王護国寺(東寺)、比叡山延暦寺、仁和寺、宇治上神社、西芳寺(苔寺)、鹿苑寺(金閣寺)、龍安寺、二条城、賀茂御祖神社(下鴨神社)、清水寺、醍醐寺、平等院、高山寺、天龍寺、慈照寺(銀閣寺)、西本願寺の17社寺・城で、宇治市と滋賀県の大津市にも及ぶ。古都京都には、約3000の社寺、2000件を越える文化財の中から、(1)世界遺産が不動産に限られている為、建造物、庭園を対象に、(2)国内で最高ランクに位置づけられている国宝(建造物)、特別名勝(庭園)を有し、(3)遺産の敷地が史跡に指定されているなど、遺産そのものの保護の状況に優れているものの代表として17の物件が基本的に選び出され、古都京都の歴史とこの群を成す文化財が総体として評価された。歴史的、また、建造物的にもきわめて重要な桂離宮、修学院離宮などを、今後、追加登録するべきだという声も多くある。

分類	建造物群
物件所在国	日本（Japan）　　物件所在地　　京都市、宇治市、大津市
構成資産	□賀茂別雷神社(上賀茂神社)　□教王護国寺(東寺)　□比叡山延暦寺 □仁和寺　□宇治上神社　□西芳寺(苔寺)　□鹿苑寺(金閣寺)　□龍安寺 □二条城　□賀茂御祖神社(下鴨神社)　□清水寺　□醍醐寺　□平等院 □高山寺　□天龍寺　□慈照寺(銀閣寺)　□西本願寺
備考	教王護国寺(東寺)【真言宗】、比叡山延暦寺【天台宗総本山】、 仁和寺【真言宗御室派総本山】、西芳寺(苔寺)【臨済宗】、 鹿苑寺(金閣寺)【臨済宗相国寺派】、龍安寺【臨済宗妙心寺派】、 清水寺【北法相宗　大本山】、醍醐寺【真言宗醍醐派総本山】、 平等院【天台宗・浄土宗】、高山寺【真言宗御室派】、 天龍寺【臨済宗天龍寺派大本山】、慈照寺(銀閣寺)【臨済宗相国寺派】、 西本願寺【浄土真宗】
参考URL	ユネスコ世界遺産センター　http://whc.unesco.org/en/list/688

世界遺産ガイド－仏教関連遺産編－

西本願寺

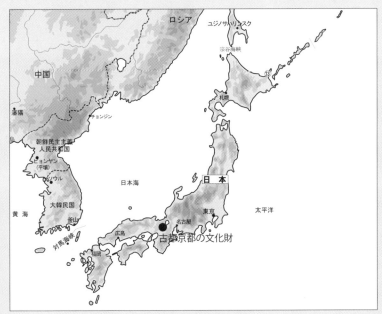

北緯34度58分　東経135度46分

交通アクセス　●西本願寺へは、JR・近鉄 京都駅より京都駅 市バス『京都駅前』より
9番,28番,75番（西賀茂車庫行など）に乗車、『西本願寺前』で下車。

仏教関連の世界遺産

シンクタンクせとうち総合研究機構　125

古都奈良の文化財

英語名	Historic Monuments of Ancient Nara
遺産種別	文化遺産
登録基準	(ii) ある期間を通じて、または、ある文化圏において、建築、技術、記念碑的芸術、町並み計画、景観デザインの発展に関し、人類の価値の重要な交流を示すもの。
	(iii) 現存する、または、消滅した文化的伝統、または、文明の、唯一の、または、少なくとも稀な証拠となるもの。
	(iv) 人類の歴史上、重要な時代を例証する、ある形式の建造物、建築物群、技術の集積、または、景観の顕著な例。
	(vi) 顕著な普遍的な意義を有する出来事、現存する伝統、思想、信仰、または、芸術的、文学的作品と、直接に、または、明白に関連するもの。
登録年月	1998年12月 (第22回世界遺産委員会京都会議)
登録遺産の面積	616.9ha　バッファー・ゾーン　1,962.5ha

登録遺産の概要　古都奈良の文化財は、聖武天皇（701～756年）の発願で建立された官寺で、金堂（大仏殿）、南大門、三月堂（法華堂）など8棟（正倉院正倉を含む）が国宝に、18棟が重要文化財に指定されている東大寺、神の降臨する山として神聖視されていた御蓋山の麓に、藤原氏の氏神を祀った神社の春日大社、大社の文化的景観を構成する特別天然記念物の春日山原始林、藤原氏の氏寺として建立され五重塔が象徴的な興福寺、6世紀に蘇我馬子が造営した飛鳥寺が平城京に移された元興寺、天武天皇の発願で建立された官寺の薬師寺、戒律を学ぶための寺として唐僧・鑑真が759年に創建した唐招提寺、平城京の北端にある宮城跡で、国の政治や儀式を行う大極殿や朝堂院、天皇の居所である内裏、役所の遺跡で特別史跡の平城宮跡の8遺産群からなる。この中には、国宝25棟、重要文化財53棟、計78棟の建造物群が含まれ、遺産の範囲は、遺産本体の面積が616.9ha、緩衝地帯が1962.5ha、歴史的環境調整地域が539.0ha　合計3118.4haに及ぶ。遺産を構成する建造物は、8世紀に中国大陸や朝鮮半島から伝播して日本に定着し、日本で独自の発展を遂げた仏教建築群で、その後の同種の建築の規範として大きな影響力を保ち続けた、また、神道や仏教など日本の宗教的空間の特質を表す顕著で重要な事例群であることが評価された。「古都奈良の文化財」の世界遺産登録範囲へのインパクトが懸念される大和北道路（京奈和自動車道の一部）の建設について、世界遺産委員会は、大和北道路の建設は、世界遺産「古都奈良の文化財」の顕著な普遍的価値や完全性を損なわないことに留意し、締約国である日本に対して、不測事態時の地下水位の変動防止の為の適切な地下水監視システムの確立やリスク軽減計画の策定を勧告している。

分類	建造物群
物件所在国	日本（Japan）　　物件所在地　　奈良県奈良市
構成資産	□東大寺　　□春日大社　□春日山原始林　□興福寺
	□元興寺　　□薬師寺　　□唐招提寺　　□平城宮跡
備考	●日本で独自の発展を遂げた仏教建築群
	●東大寺【華厳宗 大本山】、興福寺【法相宗大本山】
	元興寺【真言律宗】、薬師寺【法相宗 大本山】、唐招提寺【律宗 総本山】
参考URL	ユネスコ世界遺産センター　http://whc.unesco.org/en/list/870

唐招提寺

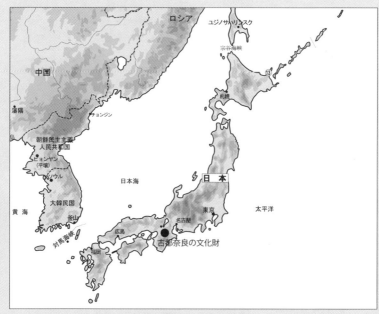

北緯34度40分　東経135度50分

仏教関連の世界遺産

交通アクセス　●東大寺へは、JR大和路線・近鉄奈良線「奈良駅」から市内循環バス「大仏殿春日大社前」下車徒歩5分、または、近鉄奈良駅から徒歩約20分

日光の社寺

英語名	Shrines and Temples of Nikko
遺産種別	文化遺産
登録基準	(i) 人類の創造的天才の傑作を表現するもの。
	(iv) 人類の歴史上、重要な時代を例証する、ある形式の建造物、建築物群、技術の集積、または、景観の顕著な例。
	(vi) 顕著な普遍的な意義を有する出来事、現存する伝統、思想、信仰、または、芸術的、文学的作品と、直接に、または、明白に関連するもの。
登録年月	1999年12月（第23回世界遺産委員会マラケシュ会議）
登録遺産の面積	50.8ha　バッファー・ゾーン　373.2ha

登録遺産の概要　日光の社寺は、栃木県の日光市内にある。日光の社寺は、二荒山神社、東照宮、輪王寺の2社1寺とその境内地からなる。その中には、江戸幕府の初代将軍徳川家康(1542～1616年)を祀る東照宮の陽明門や三代将軍家光(1604～1651年)の霊廟がある輪王寺の大猷院などの国宝9棟、二荒山神社の朱塗が美しい神橋などの重要文化財94棟の計103棟の建造物群が含まれる。二荒山神社は、日光の山岳信仰の中心として古くから崇拝されてきた神社であり、中世には多数の社殿が造営された。また、江戸時代に入り、江戸幕府によって、新たに本殿や諸社殿が造営された。東照宮は、徳川家康の霊廟として、1617年に創建され、主要な社殿は、三代将軍家光によって1636年に造営された。東照宮の建築により、「権現造」様式や、彫刻、彩色等の建築装飾の技法が完成され、その後の建築様式に大きな影響を与えた。輪王寺は、8世紀末に日光開山の勝道上人が創建した四本竜寺に起源をもち、日光山の中心寺院として発展してきた。1653年には三代将軍徳川家光の霊廟である大猷院霊廟が造営され、輪王寺は、徳川幕府の崇拝を受けた。登録遺産(コア・ゾーン)の面積は50.8haで、バッファー・ゾーンの面積373.2haを加えると424haに及ぶ。登録遺産は、徳川幕府(1603～1867年)の祖を祀る霊廟がある聖地として、諸国大名の参拝はもちろん、歴代の将軍の参拝や朝廷からの例幣使の派遣、朝鮮通信使の参拝などが行われ、江戸時代の政治体制を支える重要な歴史的役割を果たした。また、日光山中の建造物群周辺の山林地域は、日光の山岳信仰の聖域とされ、自然と社殿が調和した文化的景観を形成する不可欠な資産となっている。

分類	建造物群、遺跡(文化的景観)
物件所在国	日本（Japan）
物件所在地	栃木県日光市
構成資産	□二荒山神社　□東照宮　□輪王寺
ゆかりの人物	徳川家康(1542～1616年)、徳川家光(1604～1651年)
備考	●日光の山岳信仰の聖域　●輪王寺【天台宗の門跡寺院】
参考URL	ユネスコ世界遺産センター　http://whc.unesco.org/en/list/913

世界遺産ガイド－仏教関連遺産編－

輪王寺　大猷院

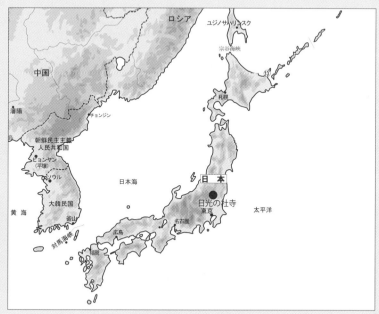

北緯36度44分　東経139度36分

交通アクセス　●輪王寺へは日光I.C.出口から国道119号で約2.5km

仏教関連の世界遺産

世界遺産ガイドー仏教関連遺産編ー

紀伊山地の霊場と参詣道

英語名	Sacred Sites and Pilgrimage Routes in the Kii Mountain Range
遺産種別	文化遺産
登録基準	(ii) ある期間を通じて、または、ある文化圏において、建築、技術、記念碑的芸術、町並み計画、景観デザインの発展に関し、人類の価値の重要な交流を示すもの。 (iii) 現存する、または、消滅した文化的伝統、または、文明の、唯一の、または、少なくとも稀な証拠となるもの。拠 (iv) 人類の歴史上、重要な時代を例証する、ある形式の建造物、建築物群、技術の集積、または、景観の顕著な例。 (vi) 顕著な普遍的な意義を有する出来事、現存する伝統、思想、信仰、または、芸術的、文学的作品と、直接に、または、明白に関連するもの。
登録年月	2004年7月（第28回世界遺産委員会蘇州会議） 2016年10月（第40回世界遺産委員会イスタンブール／パリ会議）
登録遺産の面積	495.3ha　バッファー・ゾーン　11,370ha
登録遺産の概要	紀伊山地の霊場と参詣道は、日本の中央部、紀伊半島の和歌山県、奈良県、三重県の三県にまたがる。森林が広がる紀伊山地を背景に、修験道の「吉野・大峯」、神仏習合の「熊野三山」、真言密教の「高野山」というように、それぞれ起源や内容を異にする三つの「山岳霊場」と、これらの霊場を結ぶ大峯奥駈道、熊野参詣道(小辺路・中辺路・大辺路・伊勢路)、高野参詣道の「参詣道」からなる。紀伊山地の霊場と参詣道は、紀伊山地の自然環境がなければ成り立つことがなかった「山岳霊場」と「参詣道」、そして、周囲を取り巻く「文化的景観」を特色とする、日本で随一、それに世界でも類例が稀な事例である。紀伊山地の霊場と参詣道は、神道と仏教の神仏習合を反映し、また、これらの宗教建築物群と森林景観は、1200年以上にわたって脈々と受け継がれてきた霊場の伝統を誇示している。2016年、第40回世界遺産委員会で「熊野参詣道」及び「高野参詣道」について、登録範囲の拡大(軽微な変更)がなされた。
分類	建造物群、文化的景観
物件所在国	日本（Japan）
物件所在地	和歌山県、奈良県、三重県
構成資産	□吉野・大峯　□熊野三山　□高野山 □大峯奥駈道　□熊野参詣道(小辺路・中辺路・大辺路・伊勢路)　□高野参詣道
備考	●神道と仏教の神仏習合を反映 ●吉野・大峯（金峯山寺【金峯山修験本宗 総本山】、大峰山寺【修験道】） 　熊野三山（青岸渡寺【天台宗】、補陀洛山寺【天台宗】） 　高野山（金剛峯寺【高野山真言宗 総本山】、慈尊院【高野山真言宗の寺院】）
参考URL	ユネスコ世界遺産センター　http://whc.unesco.org/en/list/1142

仏教関連の世界遺産

世界遺産ガイド－仏教関連遺産編－

高野山　奥の院

北緯33度50分　東経135度46分

仏教関連の世界遺産

交通アクセス　●高野山へは南海高野線 極楽橋駅下車、南海高野山ケーブルで高野山駅へ

シンクタンクせとうち総合研究機構

平泉-仏国土（浄土）を表す建築・庭園及び考古学的遺跡群

英語名	Hiraizumi–Temples, Gardens and Archaeological Sites Representing the Buddhist Pure Land
遺産種別	文化遺産
登録基準	(ii) ある期間を通じて、または、ある文化圏において、建築、技術、記念碑的芸術、町並み計画、景観デザインの発展に関し、人類の価値の重要な交流を示すもの。 (vi) 顕著な普遍的な意義を有する出来事、現存する伝統、思想、信仰、または、芸術的、文学的作品と、直接に、または、明白に関連するもの。
登録年月	2011年6月（第35回世界遺産委員会パリ会議）
登録遺産の面積	176.2ha　バッファー・ゾーン　6,008ha

登録遺産の概要　平泉-仏国土（浄土）を表す建築・庭園及び考古学的遺跡群－は、日本の東北地方、岩手県にある。平泉は、12世紀日本の中央政権の支配領域と本州北部、さらにはその北方の地域との活発な交易活動を基盤としつつ、本州北部の境界領域において、仏教に基づく理想世界の実現を目指して造営された政治・行政上の拠点である。平泉は、精神的主柱を成した寺院や政治・行政上の中核を成した居館などから成り、宗教を主軸とする独特の支配の形態として生み出された。特に、仏堂・浄土庭園をはじめとする一群の構成資産は、6～12世紀に中国大陸から日本列島の最東端へと伝わる過程で日本に固有の自然崇拝思想とも融合しつつ独特の性質を持つものへと展開を遂げた仏教、その中でも特に末法の世が近づくにつれて興隆した極楽浄土信仰を中心とする浄土思想に基づき、現世における仏国土（浄土）の空間的な表現を目的として創造された独特の事例である。それは、仏教とともに受容した伽藍造営・作庭の理念、意匠・技術が、日本古来の水景の理念、意匠・技術との融合を経て、周囲の自然地形をも含め仏国土（浄土）を空間的に表現した建築・庭園の固有の理念、意匠・技術へと昇華したことを示している。平泉の5つの構成資産（中尊寺、毛越寺、観自在王院跡、無量光院跡、金鶏山）は、浄土思想を含む仏教の伝来・普及に伴い、寺院における建築・庭園の発展に重要な影響を与えた価値観の交流を示し、地上に現存するものみならず、地下に遺存する考古学的遺跡も含め、建築・庭園の分野における人類の歴史の重要な段階を示す傑出した類型である。さらに、そのような建築・庭園を創造する源泉となり、現世と来世に基づく死生観を育んだ浄土思想は、今日における平泉の宗教儀礼や民俗芸能にも確実に継承されている。2011年の第35回世界遺産委員会パリ会議で、世界遺産登録を実現したが、柳之御所遺跡は、残念ながら構成資産から外れた。2011年3月11日の東日本大震災で、平泉のある東北地方は壊滅的な被害を蒙った。平泉の世界遺産登録の実現は、東北地方の復興・再生に向けての希望の光となっている。今後、世界遺産の登録範囲を拡大し、柳之御所遺跡、達谷窟、白鳥舘遺跡、長者ヶ原廃寺跡、骨寺村荘園遺跡の5資産を構成資産に加えるべく、2012年9月に世界遺産暫定リストに記載、2020年の拡大登録をめざしている。

分類	遺跡、建造物群、文化的景観
物件所在国	日本（Japan）
物件所在地	岩手県
構成資産	□中尊寺　□毛越寺　□観自在王院跡 □無量光院跡　□金鶏山
備考	●仏教に基づく理想世界の実現を目指して造営された政治・行政上の拠点 ●中尊寺【天台宗東北大本山】　毛越寺【天台宗】
参考URL	ユネスコ世界遺産センター　http://whc.unesco.org/en/list/1277

世界遺産ガイド－仏教関連遺産編－

毛越寺浄土庭園

北緯39度0分　東経141度6分

交通アクセス　●中尊寺へはJR平泉駅→中尊寺月見坂入口まで 1.6km（徒歩25分）
【拝観所要時間：約2時間】

仏教関連の世界遺産

シンクタンクせとうち総合研究機構

黄金に輝く神秘の国・ミャンマー取材記

世界遺産総合研究所　所長　古田陽久

　2019年1月2日から7日までの6日間、ミャンマーを訪問しました。ミャンマーは、1994年 4月29日に世界遺産条約を締約、現在、世界遺産の数は一つで、「ピュー王朝の古代都市群」（Pyu Ancient Cities）が「世界遺産リスト」に登録されており、今年2019年の6月30日から7月10日までアゼルバイジャンの首都バクーで開催される第43回世界遺産委員会バクー会議では、「バガン」（Bagan）が候補になっています。

　「ピュー王朝の古代都市群」は、ミャンマーの中央部、サガイン地方、マグウェ地方、バゴー地方にあり、世界遺産の登録面積は、5,809ha、バッファー・ゾーンは、6,790haです。世界遺産は、ハリン、ベイタノ、タライ・キット・タヤ（シュリー・クシェートラ）の3つの地区の構成資産からなっています。チベット・ビルマ語派に属する言語を使っていたミャンマーの古代民族のピュー族は、イラワジ川流域の乾燥地帯を中心に小さな城塞国家のピュー王国（紀元前200年～紀元後900年）を築いて住んでいました。ピュー王朝の古代都市群は、いずれも煉瓦造りの長大な城壁で取り囲まれ、外側には堀濠がめぐっており、遺跡の出土品からいくつかの共通性がわかります。その一つは骨壺埋葬制で、ピュー族は死者を荼毘に付した後に、遺骨を石甕や素焼きの壺に入れて埋葬していました。これはピュー族固有の風習で、ビルマ族には伝承されていません。ピュー王朝の古代都市群には、当時の人々がつくった煉瓦造りの仏塔、宮殿の要塞、埋葬地帯、初期の工業拠点などが残っており、当時の面影を色濃く反映しています。

　今年2019年の第43回世界遺産委員会バクー会議（アゼルバイジャン）の世界遺産候補である「バガン」は、ミャンマーの中北部、マンダレー地方を流れるイラワジ川の中流域の東岸の平野部にある大小さまざまな仏教遺跡があるミャンマー屈指の仏教の聖地です。「バガン」は、最初のミャンマー王国の首都であり、遺跡は、10世紀から14世紀に建てられた2500以上の仏教建造物群（寺院群、ストゥーパ（仏舎利塔）群、僧院群など）があります。これらの建造物群のうちの幾つかは、今もなお、多くの人に尊ばれており、世界中からの数多くの巡礼者や愛好家を惹きつけているおり、特に 祭事の時期にはなおさらである。一方、保護や維持は様々な状態にあります。また、石刻群の記録は、王国の歴史を知るうえで、最も信頼できるものになっています。300以上の寺院の内部には壁画が描かれており、東南アジアの当時のユニークな絵画の集大成となっています。

　今回の旅の主目的は、本書で「仏教関連遺産」を特集することもあり、「バガン」の世界遺産登録（1997年の第21回世界遺産委員会ナポリ会議では世界遺産の登録範囲、それにゴルフ場や道路建設など開発圧力の問題があり「登録照会」決議）の可能性を検証してみることでした。「バガン」は、既に「世界遺産リスト」に登録されているカンボジアの「アンコール」、インドネシアの「ボロブドール寺院遺跡群」と共に世界三大仏教遺跡にの一つに数えられていますが、他の2つとは明らかに異なる独自性を有する仏教遺跡であり、真正（真実）性、完全性、他の類似物件との比較においても、世界的な「顕著な普遍的価値」を有する仏教関連遺産だと思います。

世界遺産ガイドー仏教関連遺産編ー

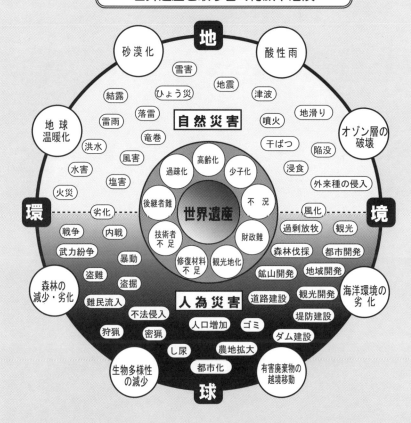

世界遺産を取巻く脅威、危険、危機の因子

- **固有危険** 風化、劣化など
- **自然災害** 地震、津波、地滑り、火山の噴火など
- **人為災害** タバコの不始末等による火災、無秩序な開発行為など
- **地球環境問題** 地球温暖化、砂漠化、酸性雨、海洋環境の劣化など
- **社会環境の変化** 過疎化、高齢化、後継者難、観光地化など

世界遺産を取巻く脅威、危険、危機の状況

- **確認危険** 遺産が特定の確認された差し迫った危険に直面している状況
- **潜在危険** 遺産固有の特徴に有害な影響を与えかねない脅威に直面している状況

索 引

バガン（**Bagan**）
ミャンマー

シュエズィーゴン・パゴダ(Shwezigon Pagoda)

<　索　引　>

【ア】
アジャンター石窟群（インド） ………………… 58-59
アユタヤの歴史都市(タイ) ……………………… 82-83
アンコール（カンボジア） ………………………… 84-85

【ウ】
雲崗石窟(中国) ………………………………… 104-105

【エ】
エローラ石窟群（インド） ………………………… 60-61

【オ】
黄金に輝く神秘の国・ミャンマー取材記 ………… 134

【カ】
カトマンズ渓谷(ネパール) ……………………… 56-57
完全性（インテグリティ） ………………………… 44-45

【キ】
紀伊山地の霊場と参詣道 ……………………… 130-131
危機遺産 ……………………………………………… 23
危機にさらされている世界遺産 ………………………… 23
境界線（バウンダリーズ） ………………………… 44-45

【ク】
百済の歴史地区群(韓国) ……………………… 118-119

【ケ】
慶州の歴史地域(韓国) ………………………… 116-117
顕著な普遍的価値 ………………………………… 44-45

【コ】
杭州西湖の文化的景観(中国) ………………… 110-111
構成資産 …………………………………………… 44-45
五台山(中国) …………………………………… 106-107
古代都市ポロンナルワ(スリランカ) ……………… 74-75
古都スコータイと周辺の歴史地区(タイ) ………… 80-81
古都京都の文化財(京都市　宇治市　大津市)(日本)
　　　　　　　　　　　　　　　　　　　……… 124-125
古都奈良の文化財(日本) ……………………… 126-127

【サ】
山寺(サンサ)、韓国の仏教山岳寺院群(韓国) 120-121
サーンチーの仏教遺跡（インド） ………………… 62-63

【シ】
釈迦（ゴータマ・シッダッタ、もしくはガウタマ・
　　　シッダールタ、ゴータマ・シッダールタ） …… 48
釈迦生誕地ルンビニー（ネパール） ……………… 54-55
シルクロード:長安・天山回廊の道路網(キルギス・
　　　中国・カザフスタン) ……………………… 90-91
真正（真実）性（オーセンティシティ） …………… 44-45

【ス】
ストゥーパ（仏舎利塔） …………………………… 134

【セ】
世界遺産、世界無形文化遺産、世界の記憶の違い … 46
世界遺産委員会 …………………………………… 15
世界遺産基金 ……………………………………… 25
世界遺産条約の将来 ……………………………… 33
世界遺産登録のフローチャート ………………… 43
世界遺産とは ………………………………………… 6
世界遺産の種類 …………………………………… 19
世界遺産の登録基準 ………………………………… 4
世界遺産登録と「顕著な普遍的価値」の考え方
について ………………………………………… 44-45
世界遺産分布図 ………………………………… 3 4-35
世界遺産を取巻く脅威や危険 …………………… 135
世界三大仏教遺跡 …………………………… 8, 84, 136
石窟庵と仏国寺(韓国) ………………………… 114-115

【タ】
大足石刻(中国) ………………………………… 100-101
タキシラ（パキスタン） …………………………… 70-71
タクティ・バヒーの仏教遺跡と近隣のサハリ・バハ
ロルの都市遺跡（パキスタン） ………………… 72-73
他の類似物件との比較 …………………………… 44-45
ダンブッラの黄金寺院(スリランカ) ……………… 76-77

【チ】
チベット仏教(ラマ教) ……………………………… 94
長期的な保存管理計画 …………………………… 44-45
長期的な保存管理体制 …………………………… 44-45

【テ】
「天地の中心」にある登封の史跡群(中国) … 108-109

【ト】
登録基準（クライテリア） …………………………… 4
登録範囲 …………………………………………… 44-45

世界遺産ガイド-仏教関連遺産編-

【ニ】
日光の社寺(日本) ……………………… 128-129

【ハ】
バガン………………………………………… 136
八萬大蔵経のある伽耶山海印寺(韓国)……… 112-113
莫高窟(中国)………………………………… 92-93
バッファー・ゾーン(緩衝地帯)…………… 44-45
バハルプールの仏教寺院遺跡(バングラデシュ) 68-69
バーミヤン盆地の文化的景観と考古学遺跡
(アフガニスタン)………………………… 52-53

【ヒ】
ビハール州ナーランダにあるナーランダ・マハーヴィ
ハーラの考古学遺跡(インド)……………… 64-65
ピュー王朝の古代都市群(ミャンマー)…… 86-87
平泉―仏国土(浄土)を表す建築・庭園及び考古学的遺
跡群―(日本)……………………………… 132-133

【フ】
仏教関連の世界遺産………………………… 51
仏教四大聖地………………………… 54, 66
ブッダ・ガヤのマハボディ寺院の建造物群(インド)
……………………………………………… 66-67
文化的景観………………………………………… 20

【ホ】
法隆寺地域の仏教建造物(日本)…………… 122-123
ボロブドール寺院遺跡群(インドネシア)
……………………………………………… 78-79

【ユ】
ユネスコ世界遺産の概要……………………… 5
ユネスコ世界遺産の登録要件………………… 21
ユネスコ世界遺産を通じての総合学習……… 32
ユネスコとは…………………………………… 6

【ラ】
楽山大仏風景名勝区を含む峨眉山風景名勝区(中国)…
……………………………………………… 98-99
ラサのポタラ宮の歴史的遺産群(中国)…… 94-95

【リ】
龍門石窟(中国)……………………………… 102-103

【ル】
ルアン・プラバンの町(ラオス)…………… 88-89

【ロ】
廬山国立公園(中国)………………………… 96-97

<資料・写真　提供>

UNESCO World Heritage Centre（ユネスコ世界遺産センター）、ICOMOS（国際記念物遺跡会議）、ICCROM（文化財保存修復研究国際センター）、IUCN（国際自然保護連合）、Central Intelligence Agency Library（The World Factbook）、外務省（Ministry of Foreign Affairs of Japan）国・地域情報、日本アセアンセンター、Afgan Network、ネパール大使館、ネパール観光情報局、Lumbini development Trust、インド政府観光局、インド大使館、スリランカ観光振興局、スリランカ大使館、インドネシア共和国観光省、バングラデシュ観光情報サイト、パキスタン政府観光局、タイ国政府観光庁、DTACカンボジア観光情報局、DTACミャンマー観光情報局、ラオス情報文化観光局、キルギス共和国政府観光局、カザフスタン共和国政府観光局、中国国家観光局、中国国家旅游局、中国国際旅行社、韓国観光公社、一般財団法人奈良県ビジターズ・ビューロー、奈良県斑鳩町・斑鳩観光協会　法隆寺iセンター、京都府、公益社団法人奈良市観光協会、栃木県、公益社団法人和歌山県観光連盟、和歌山県世界遺産センター、いわて平泉世界遺産情報局、アジア防災センター（ADRC）、公益財団法人仏教伝道協会、公益財団法人全日本仏教会、日本仏教アソシエーション、東京大学仏教青年会、シンクタンクせとうち総合研究機構、　世界遺産総合研究所、古田陽久

シンクタンクせとうち総合研究機構

〈著者プロフィール〉

古田 陽久（ふるた・はるひさ　FURUTA Haruhisa）
世界遺産総合研究所 所長

1951年広島県生まれ。1974年慶応義塾大学経済学部卒業、1990年シンクタンクせとうち総合研究機構を設立。アジアにおける世界遺産研究の先覚・先駆者の一人で、「世界遺産学」を提唱し、1998年世界遺産総合研究所を設置、所長兼務。毎年の世界遺産委員会や無形文化遺産委員会などにオブザーバー・ステータスで参加、中国杭州市での「首届中国大運河国際高峰論壇」、クルーズ船「にっぽん丸」、三鷹国際交流協会の国際理解講座、日本各地の青年会議所（JC）での講演など、その活動を全国的、国際的に展開している。これまでにイタリア、中国、スペイン、フランス、ドイツ、インド、メキシコ、英国、ロシア連邦、アメリカ合衆国、ブラジル、オーストラリア、ギリシャ、カナダ、トルコ、ポルトガル、ポーランド、スウェーデン、ベルギー、韓国、スイス、チェコ、ペルーなど約60か国、約300の世界遺産地を訪問している。現在、広島市佐伯区在住。

【専門分野】世界遺産制度論、世界遺産論、自然遺産論、文化遺産論、危機遺産論、地域遺産論、日本の世界遺産、世界無形文化遺産、世界の記憶、世界遺産と教育、世界遺産と観光、世界遺産と地域づくり・まちづくり

【著書】「世界の記憶遺産60」（幻冬舎）、「世界遺産データ・ブック」、「世界無形文化遺産データ・ブック」、「世界の記憶データ・ブック」（世界記憶遺産データブック）、「誇れる郷土データ・ブック」、「世界遺産ガイド」シリーズ、「ふるさと」「誇れる郷土」シリーズなど多数。

【執筆】連載「世界遺産への旅」、「世界記憶遺産の旅」、日本政策金融公庫調査月報「連載『データで見るお国柄』」、「世界遺産を活用した地域振興ー『世界遺産基準』の地域づくり・まちづくりー」（月刊「地方議会人」）、中日新聞・東京新聞サンデー版「大図解危機遺産」、「現代用語の基礎知識2009」（自由国民社）世の中ペディア「世界遺産」など多数。

【テレビ出演歴】TBSテレビ「ひるおび」、「NEWS23」、「Nスタニュース」、テレビ朝日「モーニングバード」、「やじうまテレビ」、「ANNスーパーJチャンネル」、日本テレビ「スッキリ!!」、フジテレビ「めざましテレビ」、「スーパーニュース」、「とくダネ!」、「NHK福岡ロクいち！」など多数。

【ホームページ】「世界遺産と総合学習の杜」http://www.wheritage.net/

世界遺産ガイド　－仏教関連遺産編－

2019年（平成31年）　2月 28日　初版 第1刷

著　　者　　古田　陽久
企画・編集　　世界遺産総合研究所
発　　行　　シンクタンクせとうち総合研究機構 ©
　　　　　　〒731-5113　広島市佐伯区美鈴が丘緑三丁目4番3号
　　　　　　TEL&FAX　082-926-2306
　　　　　　電子メール　wheritage@tiara.ocn.ne.jp
　　　　　　インターネット　http://www.wheritage.net
　　　　　　出版社コード　86200

©本書の内容を複写、複製、引用、転載される場合には、必ず発行元に、事前にご連絡下さい。

Complied and Printed in Japan, 2019　　ISBN978-4-86200-223-5 C1526 Y2600E

発行図書のご案内

世界遺産シリーズ

世界遺産データ・ブック 2019年版 【新刊】	978-4-86200-218-1 本体2600円 2018年8月発行予定	最新のユネスコ世界遺産1092物件の全物件名と登録基準、位置を掲載。ユネスコ世界遺産の概要も充実。世界遺産学習の上での必携の書。
世界遺産事典-1092全物件プロフィール- 【新刊】 2019改訂版	978-4-86200-219-8 本体2778円 2018年8月発行予定	世界遺産1092物件の全物件プロフィールを収録。 2019改訂版
世界遺産キーワード事典 2009改訂版	978-4-86200-133-7 本体2000円 2008年9月発行	世界遺産に関連する用語の紹介と解説
世界遺産マップス -地図で見るユネスコの世界遺産- 2017改訂版	978-4-86200-206-8 本体2600円 2016年12月発行	世界遺産1052物件の位置を地域別・国別に整理
世界遺産ガイド-世界遺産条約採択40周年特集-	978-4-86200-172-6 本体2381円 2012年11月発行	世界遺産の40年の歴史を特集し、持続可能な発展を考える。
世界遺産フォトス -写真で見るユネスコの世界遺産-	4-916208-22-6 本体1905円 1999年8月発行	世界遺産の多様性を写真資料で学ぶ。
第2集-多様な世界遺産-	4-916208-50-1 本体2000円 2002年1月発行	
第3集-海外と日本の至宝100の記憶-	978-4-86200-148-1 本体2381円 2010年1月発行	
世界遺産入門-平和と安全な社会の構築-	978-4-86200-191-7 本体2500円 2015年5月発行	世界遺産を通じて「平和」と「安全」な社会の大切さを学ぶ
世界遺産学入門-もっと知りたい世界遺産-	4-916208-52-8 本体2000円 2002年2月発行	新しい学問としての「世界遺産学」の入門書
世界遺産学のすすめ-世界遺産が地域を拓く-	4-86200-100-9 本体2000円 2005年4月発行	普遍的価値を顕す世界遺産が、閉塞した地域を拓く
世界遺産概論＜上巻＞＜下巻＞	上巻 978-4-86200-116-0 下巻 978-4-86200-117-7 2007年1月発行 本体 各2000円	世界遺産の基礎的事項をわかりやすく解説
世界遺産ガイド-ユネスコ遺産の基礎知識-	978-4-86200-184-9 本体2500円 2014年3月発行	混同するユネスコ三大遺産の違いを明らかにする
世界遺産ガイド-世界遺産条約編-	4-916208-34-X 本体2000円 2000年7月発行	世界遺産条約を特集し、条約の趣旨や目的などポイントを解説
世界遺産ガイド -世界遺産条約とオペレーショナル・ガイドラインズ編-	978-4-86200-128-3 本体2000円 2007年12月発行	世界遺産条約とその履行の為の作業指針について特集する
世界遺産ガイド-世界遺産の基礎知識編- 2009改訂版	978-4-86200-132-0 本体2000円 2008年10月発行	世界遺産の基礎知識をQ&A形式で解説
世界遺産ガイド-図表で見るユネスコの世界遺産編-	4-916208-89-7 本体2000円 2004年12月発行	世界遺産をあらゆる角度からグラフ、図表、地図などで読む
世界遺産ガイド-情報所在源編-	4-916208-84-6 本体2000円 2004年1月発行	世界遺産に関連する情報所在源を各国別、物件別に整理
世界遺産ガイド-自然遺産編- 2016改訂版	978-4-86200-198-6 本体2500円 2016年3月発行	ユネスコ自然遺産の全容を紹介
世界遺産ガイド-文化遺産編- 2016改訂版	978-4-86200-175-7 本体2500円 2016年3月発行	ユネスコ文化遺産の全容を紹介
世界遺産ガイド-文化遺産編- 1. 遺跡	4-916208-32-3 本体2000円 2000年8月発行	
2. 建造物	4-916208-33-1 本体2000円 2000年9月発行	
3. モニュメント	4-916208-35-8 本体2000円 2000年10月発行	
4. 文化的景観	4-916208-53-6 本体2000円 2002年1月発行	
世界遺産ガイド-複合遺産編- 2016改訂版	978-4-86200-200-6 本体2500円 2016年3月発行	ユネスコ複合遺産の全容を紹介
世界遺産ガイド-危機遺産編- 2016改訂版	978-4-86200-197-9 本体2500円 2015年12月発行	危機にさらされている世界遺産を特集
世界遺産ガイド-文化の道編-	978-4-86200-207-5 本体2500円 2016年12月発行	世界遺産に登録されている「文化の道」を特集
世界遺産ガイド-文化的景観編-	978-4-86200-150-4 本体2381円 2010年4月発行	文化的景観のカテゴリーに属する世界遺産を特集
世界遺産ガイド-複数国にまたがる世界遺産編-	978-4-86200-151-1 本体2381円 2010年6月発行	複数国にまたがる世界遺産を特集

シンクタンクせとうち総合研究機構

世界遺産ガイド-日本編- 2019改訂版 【新刊】	978-4-86200-220-4 本体2778円 2018年9月発行	日本にある世界遺産、暫定リストを特集
日本の世界遺産 -東日本編-	978-4-86200-130-6 本体2000円 2008年2月発行	
日本の世界遺産 -西日本編-	978-4-86200-131-3 本体2000円 2008年2月発行	
世界遺産ガイド-日本の世界遺産登録運動-	4-86200-108-4 本体2000円 2005年12月発行	暫定リスト記載物件はじめ世界遺産登録運動の動きを特集
世界遺産ガイド-世界遺産登録をめざす富士山編-	978-4-86200-153-5 本体2381円 2010年11月発行	富士山を世界遺産登録する意味と意義を考える
世界遺産ガイド-北東アジア編-	4-916208-87-0 本体2000円 2004年3月発行	北東アジアにある世界遺産を特集、国の概要も紹介
世界遺産ガイド-朝鮮半島にある世界遺産-	4-86200-102-5 本体2000円 2005年7月発行	朝鮮半島にある世界遺産、暫定リスト、無形文化遺産を特集
世界遺産ガイド-中国・韓国編-	4-916208-55-2 本体2000円 2002年3月発行	中国と韓国にある世界遺産を特集、国の概要も紹介
世界遺産ガイド-中国編- 2010改訂版	978-4-86200-139-9 本体2381円 2009年10月発行	中国にある世界遺産、暫定リストを特集
世界遺産ガイド-東南アジア編-	978-4-86200-149-8 本体2381円 2010年5月発行	東南アジアにある世界遺産、暫定リストを特集
世界遺産ガイド-ネパール・インド・スリランカ編- 【新刊】	978-4-86200-221-1 本体2500円 2018年11月発行	ネパール・インド・スリランカにある世界遺産を特集
世界遺産ガイド-オーストラリア編-	4-86200-115-7 本体2000円 2006年5月発行	オーストラリアにある世界遺産を特集、国の概要も紹介
世界遺産ガイド-中央アジアと周辺諸国編-	4-916208-63-3 本体2000円 2002年8月発行	中央アジアと周辺諸国にある世界遺産を特集
世界遺産ガイド-中東編-	4-916208-30-7 本体2000円 2000年7月発行	中東にある世界遺産を特集
世界遺産ガイド-知られざるエジプト編-	978-4-86200-152-8 本体2381円 2010年6月発行	エジプトにある世界遺産、暫定リスト等を特集
世界遺産ガイド-アフリカ編-	4-916208-27-7 本体2000円 2000年3月発行	アフリカにある世界遺産を特集
世界遺産ガイド-西欧編-	4-916208-29-3 本体2000円 2000年4月発行	西欧にある世界遺産を特集
世界遺産ガイド-イタリア編-	4-86200-109-2 本体2000円 2006年1月発行	イタリアにある世界遺産、暫定リストを特集
世界遺産ガイド-スペイン・ポルトガル編-	978-4-86200-158-0 本体2381円 2011年1月発行	スペインとポルトガルにある世界遺産を特集
世界遺産ガイド-英国・アイルランド編-	978-4-86200-159-7 本体2381円 2011年3月発行	英国とアイルランドにある世界遺産等を特集
世界遺産ガイド-フランス編-	978-4-86200-160-3 本体2381円 2011年5月発行	フランスにある世界遺産、暫定リストを特集
世界遺産ガイド-ドイツ編-	4-86200-101-7 本体2000円 2005年6月発行	ドイツにある世界遺産、暫定リストを特集
世界遺産ガイド-ロシア編-	978-4-86200-166-5 本体2381円 2012年4月発行	ロシアにある世界遺産等を特集
世界遺産ガイド-バルト三国編- 【新刊】	4-86200-222-8 本体2500円 2018年12月発行	バルト三国にある世界遺産を特集
世界遺産ガイド-アメリカ合衆国編- 【新刊】	978-4-86200-214-3 本体2500円 2018年1月発行	アメリカ合衆国にあるユネスコ遺産等を特集
世界遺産ガイド-メキシコ編-	978-4-86200-202-0 本体2500円 2016年8月発行	メキシコにある世界遺産等を特集
世界遺産ガイド-北米編-	4-86200-80-3 本体2000円 2004年2月発行	北米にある主な世界遺産を特集
世界遺産ガイド-中米編-	4-86200-81-1 本体2000円 2004年2月発行	中米にある主な世界遺産を特集
世界遺産ガイド-南米編-	4-86200-76-5 本体2000円 2003年9月発行	南米にある主な世界遺産を特集

世界遺産ガイド-仏教関連遺産編-

世界遺産ガイド-地形・地質編-	978-4-86200-185-6 本体2500円 2014年5月発行 世界自然遺産のうち、代表的な「地形・地質」を紹介
世界遺産ガイド-生態系編-	978-4-86200-186-3 本体2500円 2014年5月発行 世界自然遺産のうち、代表的な「生態系」を紹介
世界遺産ガイド-自然景観編-	4-916208-86-2 本体2000円 2004年3月発行 世界自然遺産のうち、代表的な「自然景観」を紹介
世界遺産ガイド-生物多様性編-	4-916208-83-8 本体2000円 2004年1月発行 世界自然遺産のうち、代表的な「生物多様性」を紹介
世界遺産ガイド-自然保護区編-	4-916208-73-0 本体2000円 2003年5月発行 自然遺産のうち、自然保護区のカテゴリーにあたる物件を特集
世界遺産ガイド-国立公園編-	4-916208-58-7 本体2000円 2002年5月発行 ユネスコ世界遺産のうち、代表的な国立公園を特集
世界遺産ガイド-名勝・景勝地編-	4-916208-41-2 本体2000円 2001年3月発行 ユネスコ世界遺産のうち、代表的な名勝・景勝地を特集
世界遺産ガイド-歴史都市編-	4-916208-64-1 本体2000円 2002年9月発行 ユネスコ世界遺産のうち、代表的な歴史都市を特集
世界遺産ガイド-都市・建築編-	4-916208-39-0 本体2000円 2001年2月発行 ユネスコ世界遺産のうち、代表的な都市・建築を特集
世界遺産ガイド-産業・技術編-	4-916208-40-4 本体2000円 2001年3月発行 ユネスコ世界遺産のうち、産業・技術関連遺産を特集
世界遺産ガイド-産業遺産編-保存と活用	4-86200-103-3 本体2000円 2005年4月発行 ユネスコ世界遺産のうち、各産業分野の遺産を特集
世界遺産ガイド-19世紀と20世紀の世界遺産編-	4-916208-56-0 本体2000円 2002年7月発行 激動の19世紀、20世紀を代表する世界遺産を特集
世界遺産ガイド-宗教建築物編-	4-916208-72-2 本体2000円 2003年6月発行 ユネスコ世界遺産のうち、代表的な宗教建築物を特集
世界遺産ガイド-仏教関連遺産編- 新刊	4-86200-223-5 本体2600円 2019年2月発行 ユネスコ世界遺産のうち仏教関連遺産を特集
世界遺産ガイド-歴史的人物ゆかりの世界遺産編-	4-916208-57-9 本体2000円 2002年9月発行 歴史的人物にゆかりの深いユネスコ世界遺産を特集
世界遺産ガイド-人類の負の遺産と復興の遺産編-	978-4-86200-173-3 本体2000円 2013年2月発行 世界遺産から人類の負の遺産と復興の遺産を学ぶ
世界遺産ガイド-暫定リスト記載物件編-	978-4-86200-138-2 本体2000円 2009年5月発行 世界遺産暫定リストに記載されている物件を一覧する
世界遺産ガイド -特集 第29回世界遺産委員会ダーバン会議-	4-86200-105-X 本体2000円 2005年9月発行 2005年新登録24物件と登録拡大、危機遺産などの情報を満載
世界遺産ガイド -特集 第28回世界遺産委員会蘇州会議-	4-916208-95-1 本体2000円 2004年8月発行 2004年新登録34物件と登録拡大、危機遺産などの情報を満載

世界の文化シリーズ

世界遺産の無形版といえる「世界無形文化遺産」についての希少な書籍

世界無形文化遺産データ・ブック 2018年版 新刊	978-4-86200-216-7 本体2600円 2018年3月発行 世界無形文化遺産の仕組みや登録されているものを地域別・国別に整理。
世界無形文化遺産事典 2018年版 新刊	978-4-86200-217-4 本体2600円 2018年3月発行 世界無形文化遺産の概要を、地域別・国別・登録年順に掲載。

世界の記憶シリーズ

ユネスコのプログラム「世界の記憶」の全体像を明らかにする日本初の書籍

世界の記憶データ・ブック 2017〜2018年版 新刊	978-4-86200-215-0 本体2778円 2018年1月発行 ユネスコ三大遺産事業の一つ「世界の記憶」の仕組みや427件の世界の記憶など、プログラムの全体像を明らかにする日本初のデータ・ブック。

シンクタンクせとうち総合研究機構

世界遺産ガイド－仏教関連遺産編－

ふるさとシリーズ

誇れる郷土データ・ブック　－2020東京オリンピックに向けて－ 2017年版	978-4-86200-209-9 本体2500円 2017年3月発行 2020年に開催される東京オリンピック・パラリンピックを見据えて、世界に通用する魅力ある日本の資源を都道府県別に整理。
誇れる郷土データ・ブック　－地方の創生と再生－ 2015年版	978-4-86200-192-4 本体2500円 2015年5月発行 国や地域の創生や再生につながるシーズを都道府県別に整理。
誇れる郷土ガイド－日本の歴史的な町並み編－【新刊】	978-4-86200-210-5 本体2500円 2017年8月発行 日本らしい伝統的な建造物群が残る歴史的な町並みを特集
誇れる郷土ガイド　－東日本編－	4-916208-24-2 本体1905円 1999年12月発行 東日本にある都県の各々の特色、特性など項目別に整理
誇れる郷土ガイド　－西日本編－	4-916208-25-0 本体1905円 2000年1月発行 西日本にある府県の各々の特色、特性など項目別に整理
誇れる郷土ガイド　－北海道・東北編－	4-916208-42-0 本体2000円 2001年5月発行 北海道・東北地方の特色・魅力・データを道県別にコンパクトに整理
誇れる郷土ガイド　－関東編－	4-916208-48-X 本体2000円 2001年11月発行 関東地方の特色・魅力・データを道県別にコンパクトに整理
誇れる郷土ガイド　－中部編－	4-916208-61-7 本体2000円 2002年10月発行 中部地方の特色・魅力・データを道県別にコンパクトに整理
誇れる郷土ガイド　－近畿編－	4-916208-46-3 本体2000円 2001年10月発行 近畿地方の特色・魅力・データを道県別にコンパクトに整理
誇れる郷土ガイド　－中国・四国編－	4-916208-65-X 本体2000円 2002年12月発行 中国・四国地方の特色・魅力・データを道県別にコンパクトに整理
誇れる郷土ガイド　－九州・沖縄編－	4-916208-62-5 本体2000円 2002年11月発行 九州・沖縄地方の特色・魅力・データを道県別にコンパクトに整理
誇れる郷土ガイド－口承・無形遺産編－	4-916208-44-7 本体2000円 2001年6月発行 各都道府県別に、口承・無形遺産の名称を整理収録
誇れる郷土ガイド－全国の世界遺産登録運動の動き－	4-916208-69-2 本体2000円 2003年1月発行 暫定リスト記載物件はじめ全国の世界遺産登録運動の動きを特集
誇れる郷土ガイド－全国47都道府県の観光データ編－2010改訂版	978-4-86200-123-8 本体2381円 2009年12月発行 各都道府県別の観光データ等の要点を整理
誇れる郷土ガイド－全国47都道府県の誇れる景観編－	4-916208-78-1 本体2000円 2003年10月発行 わが国の美しい自然環境や文化的な景観を都道府県別に整理
誇れる郷土ガイド－全国47都道府県の国際交流・協力編－	4-916208-85-4 本体2000円 2004年4月発行 わが国の国際交流・協力の状況を都道府県別に整理
誇れる郷土ガイド－日本の国立公園編－	4-916208-94-3 本体2000円 2005年2月発行 日本にある国立公園を取り上げ、概要を紹介
誇れる郷土ガイド－自然公園法と文化財保護法－	978-4-86200-129-0 本体2000円 2008年2月発行 自然公園法と文化財保護法について紹介する
誇れる郷土ガイド－市町村合併編－	978-4-86200-118-4 本体2000円 2007年2月発行 平成の大合併により変化した市町村の姿を都道府県別に整理
日本ふるさと百科－データで見るわたしたちの郷土－	4-916208-11-0 本体1429円 1997年12月発行 事物・統計・地域戦略などのデータを各都道府県別に整理
環日本海エリア・ガイド	4-916208-31-5 本体2000円 2000年6月発行 環日本海エリアに位置する国々や日本の地方自治体を取り上げる

シンクタンクせとうち総合研究機構

事務局　〒731-5113　広島市佐伯区美鈴が丘緑三丁目4番3号
書籍のご注文専用ファックス　082-926-2306　電子メール wheritage@tiara.ocn.ne.jp